公路桥梁施工与项目管理研究

张 磊 周裔聪 林培进 主编

延边大學出版社

图书在版编目（CIP）数据

公路桥梁施工与项目管理研究 / 张磊，周裔聪，林培进主编 . — 延吉：延边大学出版社，2022.10
ISBN 978-7-230-04043-3

Ⅰ . ①公… Ⅱ . ①张… ②周… ③林… Ⅲ . ①公路桥—桥梁施工—项目管理—研究 Ⅳ . ① U448.145

中国版本图书馆 CIP 数据核字（2022）第 193575 号

公路桥梁施工与项目管理研究

编　　者：	张　磊　周裔聪　林培进		
责任编辑：	翟秀薇		
封面设计：	星辰创意		
出版发行：	延边大学出版社		
社　　址：	吉林省延吉市公园路 977 号	邮　编：	133002
网　　址：	http://www.ydcbs.com	E-mail：	ydcbs@ydcbs.com
电　　话：	0433-2732435	传　真：	0433-2732434
印　　刷：	英格拉姆印刷(固安)有限公司		
开　　本：	787 毫米 ×1092 毫米　　1/16		
印　　张：	10.5		
字　　数：	200 千字		
版　　次：	2022 年 10 月第 1 版		
印　　次：	2023 年 1 月第 1 次印刷		
书　　号：	ISBN 978-7-230-04043-3		

定　　价：52.00 元

前　　言

随着我国社会经济的快速发展，交通基础设施领域的建设受到广泛的关注和重视，使建设资金的投入不断增长。我国的公路桥梁工程行业也得到了迅猛发展，无论是公路建设还是桥梁建设都在按照规划有序地进行。

目前，我国机动车保有量增长的速度远远超过了公路桥梁建设的速度，可以说加速公路桥梁建设迫在眉睫。国家只有加大对公路桥梁建设网的投入，才能在一定程度上缓解交通拥堵、交通事故等一系列交通问题。此外，交通物流的快速发展使我国公路桥梁使用率大幅度提高，导致其对路基、路面、配套设施的要求逐渐提高。因此，发展科学技术，研究出更安全、更耐用的产品，设计出更为合理的交通方案，才能使公路桥梁建设更好地满足社会发展的需求。

公路桥梁工程项目管理是以公路桥梁工程项目为对象，在既定的约束条件下，根据公路桥梁工程项目的内在规律，对公路桥梁项目从构思到完成（指公路桥梁工程项目竣工并交付使用）的全过程进行的计划、组织、协调、控制等一系列活动，是确保公路工程建设质量、降低工程建设费用、加快工程建设进度的一项十分重要的工作。

在公路桥梁工程项目建设中，工程规模越大，其建设风险就越高，施工技术难度也就越大，对于工程项目管理的要求也就越高。随着我国公路桥梁行业市场的逐渐开放，特别是在我国加入世界贸易组织之后，国外投资企业和民营企业在数量上呈现井喷趋势。但是这些施工企业的技术水平和管理水平参差不齐，业主单位在招标时很难分辨这些施工企业的优劣，而施工企业作为公路工程建设的主要实施者，将直接影响整个工程的质量。

本书从公路工程概论、桥梁工程概论、公路工程施工、桥梁工程施工、公路工程项目成本管理和桥梁工程项目施工场地管理进行了介绍，注重理论与实践结合，旨在为现代公路桥梁工程的施工及项目管理提供一定思路，确保公路桥梁施工与项目管理的各个环节顺利开展。

目 录

第一章 公路工程概论 ... 1

第一节 公路发展概况及基本组成 ... 1

第二节 公路的基本要求 ... 6

第三节 公路设计的依据与程序 ... 10

第二章 桥梁工程概论 ... 17

第一节 桥梁发展概述 ... 17

第二节 桥梁的组成与分类 ... 25

第三节 桥梁的总体规划设计 ... 30

第三章 公路工程施工 ... 39

第一节 公路路基施工 ... 39

第二节 公路路面施工 ... 47

第三节 高速公路绿化景观施工 ... 58

第四章 桥梁工程施工 ……………………………………………………… 71

第一节 桥梁施工准备 ……………………………………………… 71
第二节 桥梁基础及下部结构施工 ………………………………… 74
第三节 桥梁上部结构及桥面系施工 ……………………………… 98

第五章 公路工程项目成本管理 …………………………………………… 114

第一节 公路工程项目成本管理概述 ……………………………… 114
第二节 公路工程项目成本管理的组织结构 ……………………… 124
第三节 公路工程项目成本管理的目标 …………………………… 130
第四节 公路工程项目成本的预测与计划 ………………………… 136
第五节 公路工程项目成本管理的过程控制 ……………………… 141

第六章 桥梁工程项目施工场地管理 ……………………………………… 146

第一节 桥梁项目施工场地规划布置的原则与步骤 ……………… 147
第二节 桥梁项目施工场地常用设施的规划与布置 ……………… 149
第三节 桥梁项目施工场地文明施工与环境保护的规划布置 …… 156
第四节 桥梁项目施工场地规划与布置的优化方法 ……………… 159

参考文献 …………………………………………………………………… 161

第一章 公路工程概论

第一节 公路发展概况及基本组成

一、公路发展概况

中国公路的发展大体经历了以下三个阶段。

（一）古代道路（公元前 2000 年至公元 1911 年）

公元前 2000 年左右，我国已经出现可行驶牛车、马车的道路。秦朝时期，强调"车同轨，书同文"。公元前 2 世纪，我国通往中亚细亚和欧洲的丝绸之路发展起来。唐代是我国古代道路发展的鼎盛时期，初步形成了以城市为中心的四通八达的道路网。清代道路系统分为三等，即"官马大路""大路""小路"。"官马大路"分东北路、东路、西路和中路四大干线，全长 2000 多千米。

（二）近代道路（1912 年—1949 年）

我国第一条公路是 1908 年在广西南部边防兴建的龙州至那甚公路，长 30 千米。截至1927年,全国公路通车里程约为29 000千米。1937年—1945年,由于战争的影响和破坏,公路发展缓慢。截至1946年12月,全国公路总里程只有130 307千米。截至中华人民共和国成立前夕,全国通车里程只有75 000千米。

(三)现代公路(1949年以后)

1949年以后,全国从上到下建立了公路管理机构,并建立了设计、施工和养护的专业队伍。国家还颁布了一系列有关公路建设的重要法规,进行了全国公路普查,恢复并改善了原有公路。截至1976年底,公路里程达82.3万千米,有路面里程达57.9万千米,桥梁11.7万座(293万延米),公路绿化里程达25.4万千米。

1978年—1985年,国民经济逐渐恢复,交通紧张问题凸显,交通运输系统结构不合理问题逐渐暴露,国家开始着力调整国民经济结构,加强以铁路为中心的运输基础设施的建设,对公路建设也给予相应重视。经国务院授权中华人民共和国国家计划委员会(现中华人民共和国国家发展和改革委员会)、中华人民共和国国家经济贸易委员会、中华人民共和国交通运输部联合颁布了《国家干线公路网(试行方案)》,确定了首都放射线12条、南北纵线28条、东西横线30条共70条国道,并采取措施加快发展公路建设,如允许省、自治区、直辖市调整养路费收费费率,增加用于公路改造的费用。此阶段末期,国家开始利用国际金融组织贷款修建国际标准高速公路,允许利用贷款、集资修路,收取车辆通行费偿还贷款等政策。

第八个五年计划初期,根据国民经济发展对交通运输的总体要求以及社会主义市场经济建设的特点,我国在总结以往公路建设经验、教训后,提出公路建设"普及与提高相结合,以提高为主"的原则,保证公路建设事业能够更好地适应经济结构转变以及人民生活水平提高对公路运输质量的要求。为突出重点,在国家公路网规划基础上研究形成了"五纵七横"12条国道主干线规划,设想用二三十年时间逐步建成以二级以上汽车专用公路为主组成的国道主干线网。到1996年底,全国公路通车总里程已达118.6万千米,其中高速公路3422千米,在一些大经济区域内,已经形成或正在形成以高速公路为主的高等级干线公路网,如沈阳、大连、北京、天津、石家庄、德州、济南、青岛等环渤海湾地区,武汉、合肥、南京、上海、杭州、宁波等长江中下游地区,以及广州、深圳、珠海、珠江三角洲地区。

2001年—2010年重点建设"五纵七横"国道主干线中余下的"两纵五横"主要路段；加快建设国道主干线系统以外交通特别繁忙的其他高等级公路，改善和提高边境口岸公路标准，完成川藏、青藏等国防公路的整治和改造；积极扶持未通车的行政村公路建设，实现行政村基本通公路。截至2008年底，全国公路通车总里程达到373.02万千米，比中华人民共和国成立初期的7.5万千米增长了近50倍。到2015年，全国公路总里程达到450万千米，国家高速公路网基本建成，高速公路总里程达到10.8万千米，覆盖90%以上的20万以上城镇人口城市，二级及以上公路里程到65万千米，国、省道总体技术状况达到良等水平，农村公路总里程达到390万千米。2015年—2020年，中国公路总里程呈逐年增长趋势，2019年中国公路总里程为501.25万千米，比2018年末增加16.6万千米；2020年中国公路总里程为519.81万千米，比2019年末增加18.56万千米。

二、公路的组成及功能分析

公路是设置在大地表面供各种车辆行驶的一种线形带状结构物，因此公路是由线形和结构两部分组成。

（一）线形组成

路线是指公路的中线。线形是指公路中线在空间的几何线形和尺寸。受自然条件和现状地物的限制，路线在平面上有转折，在转折点两侧相邻直线处，为了满足车辆行驶顺畅、安全和速度的要求，必须用一定半径的曲线连接。可见，公路中线是一条三维空间曲线，路线平面上由直线和曲线组成。

公路线形设计是从平面线形、纵面线形和空间线形（又称为平、纵组合线形）三个方面研究的。

（二）结构组成

公路的结构组成主要包括路基、路面、桥涵、隧道及沿线设施等。

1. 路基

（1）路基的定义

路基是按照路线的位置和一定的技术要求修筑的路面基础的带状构造物。

路基一般由砂、石按照一定的结构尺寸要求构成，承受由路面传递下来的行车荷载。路基使公路连续，它构成车辆及行人的通行部分。

（2）路基横断面的组成

沿公路中线的法线方向切路基得到的图形称为路基横断面。路基横断面由行车道、中间带、路肩、边沟、边坡、截水沟、碎落台、护坡道等部分组成。

（3）路基横断面的形式

路基横断面的形式通常有路堤、路堑、半填半挖路基三种基本形式。路堤是指路基顶面高于原地面时，在原地面上进行填筑构成的路基。路堑指路基顶面低于原地面时，将原地面下挖而构成的路基。在一个断面内，部分为路堤、部分为路堑的路基称为半填半挖路基。路基结构必须稳定、坚实并符合规定的尺寸，以承受汽车和自然因素的作用。

（4）路基防护

路基防护是指在横坡较陡的山坡上或沿河一侧路基边坡受水流冲刷威胁的路段，为保证路基的稳定，加固路基边坡所修建的构造物。常见的路基防护工程有填石路基、砌石护坡、挡土墙、护脚及护面墙等。

（5）路基排水

为保持路基稳定而设置的地面和地下排水设施称为公路排水系统。公路排水系统按其排水方向可分为纵向排水系统和横向排水系统。

常见的纵向排水系统有边沟、截水沟、排水沟等；常见的横向排水系统有路拱、桥涵、透水路堤、过水路面、急流槽、渡水槽（桥）等。

排水系统按其排水位置不同可分为地面排水和地下排水两部分。地面排水是用于排除危害路基的雨水、积水及外来水等地面水。在地下水位较高的地段还应设置地下排水系统，盲沟是常见的地下排水结构物。

2．路面

路面是在路基表面用各种材料分层铺筑的结构物，以供车辆在其上以一定速度安全、舒适地行驶。其主要作用是加固行车部分，使之具有一定的强度、平整度和粗糙度。路面按其使用性能、材料组成和结构强度可分为高级路面、次高级路面、中级路面、低级路面；按其力学性能可分为柔性路面和刚性路面两大类。常用的路面材料有沥青、水泥、碎（砾）石、砂、黏土等。

3. 桥涵

道路在跨越河流、沟谷和其他障碍物时所使用的构筑物称为桥涵。当桥涵的单孔跨径 $L_0 \geqslant 5\,m$，多孔跨径总长 $L_0 \geqslant 8\,m$ 时称为桥梁；反之则称为涵洞。

4. 隧道

公路穿越山岭、置于地层内的结构物称为隧道。隧道能避免翻山越岭，可缩短里程，保证行车快捷，是山区公路中采用的特殊构造物之一。

隧道按施工方法分为明洞和暗洞。其中，明挖岩（土）体后修筑棚式或拱式洞身，再覆土建成的隧道称为明洞。明洞常用于地质不良或土层较薄的地段。

5. 沿线设施

为保证行车的安全、舒适，并增加路容美观，公路除设置基本构造物和特殊构造物外，还需设置各种沿线设施。沿线设施是公路沿线交通安全、管理、服务、环保等设施的总称。

（1）交通安全设施

为保证行车与行人安全、充分发挥公路的作用而设置的设施称为交通安全设施，具体包括人行地下通道、人行天桥、标牌、标线、交通信号灯、栏、防眩板、隔音墙、防护网、反光标志、照明等设施。

（2）交通管理设施

为保障良好的交通秩序、防止事故发生而设置的各种设施称为交通管理设施。这些设施包括公路交通标志（又可分为主标志和辅助标志两大类。主标志中有警告标志、禁令标志、指示标志、指路标志四种）、路面标线、路面标志、紧急电话、公路情报板、公路监视设施、交通控制设施等。

（3）防护设施

为防治公路上的塌方、泥石流、坠石、滑坡、积雪、雪崩、积沙、水毁等病害而设置的设施和构造物称为防护设施，如抗滑坡构造物、防雪走廊、防沙棚等。

（4）停车设施

为了方便旅客和保证旅客的安全，在公路沿线适当地点设置的停车场、汽车站、回车道等设施称为停车设施。

（5）渡口码头

三、四级公路跨越较大河流、湖泊、水库，当因交通量不大暂时不能建桥而设置的船渡设施称为渡口码头。渡口通常包括引道、码头、渡船及附属设施等部分。

（6）路用房屋及其他沿线设施

其包括养护房屋、营运房屋、收费站、加油站等设施。

（7）绿化

绿化是公路不可缺少的部分，有稳定路基、隐蔽路面、美化路容、增加行车安全和促进用材林发展的功能。有一些地区的绿化还能减轻积沙、积雪、洪水等对公路的危害。

第二节　公路的基本要求

一、对公路线形的基本要求

公路线形是公路的骨架，它支配着整个公路的规划、设计、施工，以及之后的养护和营运，直接影响公路构造物设计、排水设计、土石方数量、路面工程等。公路线形在保证汽车行驶的安全性、舒适性、经济性，以及提升公路的通行能力等方面起着重要的作用，而且在公路建成以后，对公路沿线的经济发展、居民生活、土地利用，以及自然景观、环境协调等都将产生很大的影响。因此，在公路设计中，通常将公路线形设计的质量作为评价一条公路总体效果的主要标准。对公路线形设计的基本要求有以下几个方面。

（一）满足汽车行驶的力学要求

公路线形设计应满足汽车行驶的力学要求，即汽车在公路上行驶时应满足行车安全、经济及旅客舒适的要求。因此，在公路线形设计中要注意合理运用平、纵、横各项技术指标，应根据具体条件，在不过分增加工程量的情况下，尽量采用较高的技术指标。为使汽车行驶速度均衡，要注意公路平、纵面线形要素的连续性，避免发生线形突变。

（二）满足驾驶员视觉和心理要求

公路线形设计应使公路具有视觉的舒适性，使驾驶员在行驶过程中不易疲劳，有良好的视觉和心理诱导作用。因此，设计者在设计中应注意线形要素之间以及线形要素与其他设施之间的平衡协调，如直线、圆曲线、缓和曲线的组合协调，平曲线与竖曲线的组合协调，平面线形与纵面线形的协调以及路线与公路构造物、沿线设施的协调等。此外，还应注意保证行车视距，以创造良好的行车视线，增加行车安全性和舒适性。

（三）注意与周围地形、地物、环境相协调

公路线形设计要结合沿线地形、地物等条件，合理运用各种线形要素进行线形组合，使线形与沿线地形、地物相适应，从而设计出技术合理、行车安全舒适、经济节约的线形。此外，线形设计还应注意使线形与周围环境相协调，使公路建设不破坏环境的自然景观，减少对环境的干扰，尽量利用环境，与环境融为一体。

（四）要与沿线自然、经济、社会条件等相适应

公路是社会空间的一个组成部分，它与沿线的自然资源及经济的开发、工农业的发展、居民条件、区域规划的关系十分密切。因此，在公路线形设计中，一方面必须符合国家有关土地、环境保护、水土保持、资源开发等法规的要求；另一方面还必须注意少占农田、少拆建筑物、少破坏原有植物和地貌，以及减少噪声和废气等对环境的污染等，使公路建成后能发挥最大的社会综合效益。

二、对路基的基本要求

路基是公路的重要组成部分，它与路面共同承受行车荷载和自然因素的影响，因此它既是路线的主体又是路面的基础，其本身的强度与稳定性直接影响

路面的使用寿命和公路的使用质量。为保证公路的使用质量，对路基的基本要求有以下几个方面。

（一）具有足够的稳定性

在土地表面修筑路基，必然产生填筑或开挖。这种不填即挖的结果改变了地表面的天然平衡状态，原本处于稳定状态的地基由于受力状态的改变，可能引起路基失稳，产生路堤沉陷、边坡塌方、路基翻浆以及路基沿山坡滑动等问题，从而导致交通阻断或行车事故。因此，为保证路基的安全与稳定，必须采用正确的路基断面形式与尺寸，采取有效的路基排水、工程防护与加固等措施，确保路基在最不利的行车荷载与自然因素条件下仍具有足够的稳定性。

（二）具有足够的强度和变形小的能力

路基及路基以下的地基，在自重和自行荷载作用下会产生变形。当地基软弱、路基填土不密实或过分潮湿时，所产生的沉陷、固结变形和不均匀变形会使路面结构过量变形，从而增大应力，导致路面过早损坏，影响公路的使用质量。因此，建设路基时要选择合适的填料、进行充分的压实、改善和调节水温状况、加固软弱地基，以保证在外力因素作用下，不产生超过允许范围的变形，确保路面的使用寿命和服务水平。

三、对路面的基本要求

路面是在路基表面上用各种不同材料或混合料分层铺筑而成的一种层状结构物，它不仅要使汽车在公路上全天候地行驶，而且要保证汽车以一定的速度安全、舒适地行驶。因此，对路面的基本要求有以下几个方面。

（一）强度和刚度

汽车在路面上行驶，通过车轮把垂直力、水平力以及车辆产生的振动力和冲击力传给路面，使路面结构内部产生大小不同的压应力、拉应力和切应力。如果这些应力超过路面结构整体或某一组成部分的强度，就会导致路面出现断裂、沉陷、波浪和磨损等问题。因此，路面结构整体及其各组成部分应具有足够的强度，以抵抗在行车作用下所产生的各种应力，避免被破坏。

所谓刚度，是指路面抵抗变形的能力。路面结构整体或某一组成部分刚度不足时，即使强度足够，路面在车轮荷载作用下也会产生过量的变形，从而形成轮辙、沉陷或波浪等问题。因此，路面结构应具有足够的刚度，使整个路面结构及其各组成部分的变形量被控制在允许的范围内。

（二）稳定性

路面结构袒露在大气之中，长期经受温度和水分变化的影响，其力学性能也随之发生变化。同时，强度和刚度不稳定，也会使路况时好时坏。例如，沥青路面夏季高温时可能会变软而产生轮辙和推挤，冬季低温时可能会因收缩或变脆而开裂；水泥路面在高温时发生拱胀破坏，温度急骤变化时会因翘曲而发生破坏；砂石路面在雨季时会因雨水渗入路面结构，使其含水量增多，强度下降，形成沉陷、轮辙或波浪等破坏。因此，要研究温度和湿度对路面结构性能的影响，使修筑的路面具有足够的稳定性。

（三）耐久性

路面结构要承受行车荷载和冷热、干湿气候因素的多次重复作用，从而逐渐产生疲劳破坏和塑性形变累积。此外，路面材料还可能因老化衰变而损坏，这些都将缩短路面的使用年限。因此，路面结构必须具备足够的抗疲劳强度和抗老化、抗形变累积的能力。

（四）表面平整度

不平整的路面会增大行车阻力，使车辆产生附加的振动作用，造成行车颠簸，影响行车速度和乘客的舒适感。同时，振动作用还会对路面施加冲击力，从而加剧路面和汽车机件的损坏及轮胎的磨损，并增大油料的消耗。另外，不平整的路表面还会积滞雨水，加速路面的破坏，并增大噪声。因此，平整的路面要靠优良的施工机具、精细的施工工艺、严格的施工质量控制和及时的养护来保证。

（五）表面抗滑性能

汽车在路面上行驶，车轮与路面之间要具有足够的附着力（或称摩阻力），以防止汽车因路面光滑而使车轮产生空转或打滑现象，致使车速降低，甚至引起交通事故。

路面的抗滑能力可通过采用坚硬、耐磨、表面粗糙的集料组成路面表层材料来实现，也可采用一些工艺性措施如水泥混凝土路面的刷毛或刻槽等来实现。此外，路面上的积雪、污泥等也会降低路面的抗滑性，必须及时予以清除。

（六）少尘性

路面扬尘会加速汽车机件的损坏、影响行车视距、降低行车速度，也会给乘客和沿线居民的环境、路旁农作物带来不良影响。因此，驾驶员在行车过程中应尽量减少路面扬尘。

第三节 公路设计的依据与程序

一、公路设计依据

公路设计的控制要素和依据很多，但是最基本的是与汽车性能有关的因素和反映车辆这些特性的要求和条件，即设计车辆、设计速度、交通量。

（一）设计车辆

设计车辆是指道路设计时所采用的具有代表性的车辆。道路上行驶的车辆主要是汽车，对于混合交通的道路还有一部分非机动车。汽车的行驶性能、外廓尺寸以及行驶于道路上不同种类车辆的组成对于道路的几何设计具有决定性作用。例如，确定路幅组成、车道宽度、弯道加宽、纵坡大小、行车视距等都与设计车辆有密切关系。因此，选择有代表性的车辆作为道路设计的依据是必要的。

道路上行驶车辆的种类很多，按使用目的、结构或发动机的不同可分成各种类型，作为道路设计依据的车辆可分为小客车、载重汽车、鞍式列车三类。

（二）设计速度

1. 设计速度的概念

设计速度是指当气候条件良好、交通密度小、汽车运行只受道路本身条件（几何要素、路面、附属设施等）影响时，中等驾驶技术的驾驶者能保持安全顺畅行驶的最大行驶速度。

设计速度是决定道路几何形状的基本依据。道路的曲线半径、超高、视距等与设计速度有关，也对车道宽度、中间带宽度、路肩宽度等指标的确定产生影响。

汽车在道路上行驶时，驾驶者根据道路沿途的地形条件、道路条件、交通条件以及自身的驾驶技术而实际采用的速度称为行驶速度。根据定义，行驶速度与设计速度并非一致，在实际行驶过程中，驾驶者往往不是以设计速度行驶的，而是选择适合的行驶速度驾驶汽车。在设计速度较低的路段，当路线本身的几何要素超过安全行驶的需要，交通密度、地形、气候等外部条件又较好时，实际行驶速度常接近或超过设计速度，设计速度越低，出现这种可能性的概率就越高。考虑上述特点，同一等级的道路按不同的条件可以采用不同的设计速度。设计师在公路设计中应根据公路的功能、等级及交通组成，结合沿线地形、地物、地质状况等，确定合适的设计速度。

2. 设计速度的相关规定

公路设计速度的选用应符合下列要求：①高速公路作为国家及省属干线公路或位于地形、地质良好的平原、丘陵地段时，经技术经济论证其设计速度宜采用 120 千米/时或 100 千米/时的设计速度；当受地形等自然条件限制时，经论证可选用 80 千米/时的设计速度；个别特殊困难地段因修建公路可能诱发病害时，经论证并报主管部门批准，其局部路段可采用 60 千米/时的设计速度，但其长度不宜大于 15 千米或仅限于相邻互通式立体交叉之间的路段。②一级公路作为国家及省属干线公路，且纵、横向干扰小时，经技术经济论证，其设计速度宜采用 100 千米/时或 80 千米/时，同时必须采取确保较高运行速度和安全的措施；当作为大、中城市城乡接合部混合交通量大的集散公路时，应结合平面交叉的数量、安全措施等进行论证，其设计速度可采用80千米/时或60千米/时，且应设置相应设施以确保通行能力和通行安全。③二级公路作为国家及省属干线公路或城市间的干线公路时，设计速度可选用80千米/时；作为城乡接合部混合交通量大的集散公路或位于地形等条件受限制的路段时，其设计速度宜选用60千米/时。④三级公路作为干线公路时，设计速度可用40千米/时；作为县乡公路或位于地形等条件限制路段时，设计速度宜选用30千米/时。⑤地形、地质等自然条件复杂的山区或交通量很小的路段，可采用设计速度为20千米/时的四级公路。

（三）交通量

交通量是指单位时间内通过公路上某一横断面处的往返车辆数，其单位为辆/日或辆/小时。交通量的大小与社会经济发展速度、气候、物产、文化生活水平等多方面因素有关，且随着时间、地点的不同而随机变化。其具体数值可通过交通调查和交通预测确定。

1. 年平均日交通量

交通量通常用年平均日交通量（AADT）来表达，即一年365天观测到的交通量的平均值。

2. 规划交通量

规划交通量，也称设计交通量，是指拟建道路到预测年限时所能达到的年平均日交通量（辆/日），其值要根据历年交通观测资料预测求得，目前多按年平均增长率计算确定。

预测年限规定：国家及省属重要干线公路的规划交通量应按20年预测；国家及省属干线公路的规划交通量应按15年预测，但对于国家及省属干线的高速公路和一级公路应按20年预测；县公路的规划交通量宜按10年预测。另外，规划交通量的预测起算年应为该项目可行性研究报告中的计划通车年；当提交可行性研究报告年到公路通车年超过5年时，在编制初步设计前应对规划交通量予以核对。

规划交通量对确定道路等级、论证道路的计划费用或各项结构设计等有重要作用，但不宜直接用于道路几何设计。因为一年中的每月、每日、每小时的交通量都在变化，在某些季节、某些时段可能高出年平均日交通量数倍，所以不宜作为具体设计的依据。

3. 设计小时交通量

小时交通量（辆/小时）是以小时为计算时段的交通量，是确定车道数、车道宽度和评价道路服务水平的依据。大量交通统计表明，全年期间，每小时交通量的变化是相当大的。如果用一年中最高峰的小时交通量作为设计依据会造成浪费，但如果采用日平均小时交通量则不能满足交通需求，会造成交通拥挤或阻塞。因此，为使设计交通量的取值既能保证交通安全畅通，又能使工程造价经济、合理，可借助一年中每小时交通量的变化曲线来指导、确定合乎使用需求的小时交通量。

在确定设计小时交通量时，应根据平时的观测资料绘制各条路线交通量的变化曲线，没有观测资料的路段可参考性质相似、交通情况相仿的其他道路的观测资料。

4. 交通量换算

道路上行驶的车辆种类较多，其速度、行驶规律以及占用道路的净空差异较大，但作为道路设计时的交通量应折算成某种标准车型。对于非机动车占较大比重的混合交通道路，自行车、行人、畜力车等作为横向干扰因素，不再参与交通量折算。

二、公路设计程序

（一）公路工程基本建设

公路建设应该按照一定的程序进行，我国公路工程基本建设程序如下：①根据长远规划或项目建议书，进行可行性研究。②根据可行性研究，编制计划任务书（也称设计计划任务书）。③根据批准的计划任务书，进行现场勘测，编制初步设计文件和概算。④根据批准的初步设计文件，编制施工图和施工图预算。⑤列入年度基本建设计划。⑥进行施工前的各项准备工作。⑦编制实施性施工组织设计及开工报告，报上级主管部门审批。⑧严格执行有关施工的规程和规定，坚持正常施工秩序，做好施工记录，建立技术档案。⑨编制竣工图表和工程决算，办理竣工验收。

（二）公路工程可行性研究

可行性研究是基本建设前期工作的一项重要内容，是建设程序的组成部分，是建设项目决策和编制计划任务书的科学依据，有学者将其定义为论证工程（或产品）项目技术上的可能性和经济上的合理性，并论证何时修建及分期修建，提供决策依据，保证工程的经济效果的研究。

公路建设必须严格遵守国家规定的基本建设程序。所有大中型项目应根据批准的项目建议书（或委托书）进行可行性研究，可行性研究工作完成后应进行评估。

公路可行性研究一般包括下列内容：①总论（或概述）。论述建设项目的任务依据、历史背景和研究范围，提出可行性研究的主要结论。②现有公路技术状况的评价。调查及论述建设地区综合运输网的交通现状和建设项目在交通运输网中的地位与作用，论述现有公路的工程技术状况及适应程度等。③发展预测。进行全面的交通调查和经济调查，论述建设项目所在地区的经济特征，研究建设项目与经济发展的内在联系，预测交通运输量的发展情况。④公路建设标准和规模。论述项目建设规模、采用的等级及其主要技术指标。⑤建设条件和方案选择。调查建设项目所处地理位置的地形、地质、地震、气候、水文等自然特征，建筑材料的来源及运输条件；进行路线方案的比选，提出推荐方案的走向和主要控制点；评价建设项目对环境的影响，并编制环境影响报告书。⑥投资估算与资金筹措。包括主要工程数量、公路建设用地和拆迁、单价拟定、投资估算及资金筹措等。⑦工程建设实施计划。包括勘测设计和工程施工的计划及要求、工程管理和技术人员的培训等。⑧经济评估。包括运输成本等经济参数的确定，建设项目的直接经济效益和费用的估算，经济评价敏感性分析，建设项目的间接经济效益分析。收费公路还需做财务分析，经过综合分析，提出投资少、效益好的建设方案。

可行性研究是交通建设综合管理的手段，必须从运输生产的目的出发。研究技术可行性必须与经济效益相结合，研究经济效益必须考虑采用新技术的可能，重视运输领域的综合效益。

可行性研究应附有必要的图表，其中包括路线方案及比较方案图，历年工农业总产值与客货运量统计表、公路客货运量表、交通量预测表、效益计算表等。

在进行可行性研究时，应分析环境影响，即根据工程性质、路线位置、资源利用、环境影响等对工程进行宏观分析，确定项目是否成立。在计划任务书下达、进行初步设计的同时，应编制环境影响评价书，即根据预测工程对环境的影响，提出对环境污染和破坏的防治措施。

（三）计划任务书

公路勘测设计工作是根据批准的计划任务书进行的。设计任务书一般由提出计划的主管部门下达或由下级单位编制后报批。计划任务书应包括下述内容：①建设的依据和意义。②路线的建设规模和修建性质。③路线的基本走向和主要控制点。④工程技术等级和主要技术标准。⑤勘测设计的阶段划分及各阶段的完成时间。⑥建设期限，投资估算，需要钢材、木材、水泥的数量。⑦施工力量的原则安排。

计划任务书经上级批准后，如建设规模、期限、技术等级标准及路线走向等重大问题有变更，应报原批准机关审批同意。

（四）设计阶段

1. 设计阶段的划分

公路工程基本建设项目可以采用一阶段设计、两阶段设计或三阶段设计。

一阶段设计即施工图设计，适用于技术简单、方案明确的小型公路工程。即进行一次详细的定测，据以编制施工设计和工程预算。

两阶段设计即初步设计和施工图设计，适用于一般建设项目。

三阶段设计即初步设计、技术设计和施工图设计三个阶段，适用于技术复杂、基础资料缺乏或不足的建设项目或建设项目中的个别路段、特大桥、互通式立体交叉、隧道等。

2. 各设计阶段的主要内容

设计文件是公路勘测设计的最后成果，经审查批准后成为公路施工的依据。其组成、内容和要求因设计阶段的不同而不同。

（1）初步设计

两阶段设计和三阶段设计中的初步设计应根据批准的可行性研究报告、设计任务书（或测设合同）和初测资料编制。初步设计阶段的目的是确定设计方案，主要内容包括拟订修建原则、选择设计方案、计算工程数量和主要材料数量、提出施工方案、编制设计概算、提供文字说明及图表资料。初步设计在选定方案时，应对路线走向、控制点和方案进行现场核查，征求沿线地方政府和建设单位的意见，基本落实路线布置方案。一般应进行纸上定线，赴实地核对，落实并放出必要的控制线位桩。对复杂困难地段的路线、互通式立体交叉、隧道、特大桥、大桥的位置等，一般应选择两个或两个以上的方案进行比选，提出推荐方案。

初步设计文件由总说明、总体设计、路线、路基路面及排水、桥梁涵洞、隧道、路线交叉、交通工程及沿线设施、环境保护、渡口码头及其他工程、筑路材料、施工方案、设计概算共13篇及附件组成。

（2）技术设计

三阶段设计中的技术设计应根据批准的初步设计和定测资料编制。技术设计阶段的目的是对重大、复杂的技术问题进一步落实设计方案。其主要内容包括通过科学试验、专题研究；加深勘探调查及分析比较，解决初步设计中未解决的问题，落实技术方案；计算工程数量，提出修正的施工方案，修正设计概算。

（3）施工图设计

一阶段施工图设计应根据批准的可行性研究报告、设计任务书（或测设合同）和定测资料编制；两阶段设计中的施工图设计应根据批准的初步设计和定测资料编制；三阶段设计中的施工图设计应根据批准的技术设计和补充定测资料编制。

施工图设计阶段的目的是对批准的推荐方案进行详细设计，以满足施工的要求。其主要内容包括对审定的修建原则、设计方案进行具体的设计，确定各项工程数量，提出文字说明和图表资料以及施工组织计划，并编制施工图预算，满足施工要求。

施工图设计文件由总体设计、路线、路基路面、桥梁涵洞、隧道、路线交叉、交通工程及沿线设施、环境保护与景观设计、渡口码头及其他工程、筑路材料、施工组织设计、施工图预算共12篇及附件（基础资料）组成。其表达形式有文字说明、设计图和设计表格三种。

第二章 桥梁工程概论

第一节 桥梁发展概述

桥梁是指架设在江河湖海上,使车辆行人等能顺利通行的建筑物。它的主要作用是供公路、铁路、渠道、管线和人群跨越江河、山谷或其他障碍物,它是交通线的重要组成部分,是公路、铁路中的关键工程。我国古代桥梁的辉煌成就举世瞩目,曾在东西方桥梁发展史中占有崇高的地位,为世人所公认。但我国古代的桥形式种类繁多,发展演变过程漫长,这恐怕就未必广为人知了。

近代以来,由于高科技的勃然兴起,桥梁成为一门专业学科,其技术进步更是突飞猛进,形式更为复杂多样,其内涵和引申义也大为丰富。然而,无论现代桥梁如何先进发达,若追究起根源来,均未超出古人所创造的梁桥、浮桥、拱桥和索桥几大类。这几种基本桥式都是总结前人积累下的丰富技术成果的结果。

一、桥梁的发生与发展

在人造桥梁之前,自然界因地壳运动或其他自然现象的影响,形成了不少天然的桥梁形式。如浙江天台山横跨在瀑布上的石梁桥,江西贵溪因自然侵蚀而成的石拱桥（仙人桥），小河边因自然倒下的树干而形成的"独木桥"，以及两岸藤蔓纠结在一起而构成的天生"悬索桥"，等等。人类从这些天然桥中得到启示，便在生存过程中不断仿效自然。开始时利用一根木料在小河或氏族聚居群周围的壕沟上搭起一些独木桥；或在窄而浅的溪流中，用石块垫起一个接一个略高出水面的石蹬，构成一种简陋的"跳墩子"——石梁桥（后园林中多仿此原始桥式，称"汀步桥""踏步桥"）。这些"独木桥""跳墩子桥"便是人类建筑中较为原始的桥梁，后来随着社会生产力的发展，技术不断由低级演进为高级，才逐渐产生各种各样的跨空桥梁。

二、桥梁发展历程

桥梁是道路的组成部分。从工程技术的角度来看，桥梁发展可分为古代、近代和现代三个阶段。

（一）古代桥梁

人类在原始时代，跨越水道和峡谷时是利用自然倒下来的树木、自然形成的石梁或石拱、溪涧突出的石块、谷岸生长的藤萝等。人类有目的地伐木为桥或堆石、架石为桥始于何时，已难以考证。据史料记载，中国在周代（公元前11世纪—前256年）已建有梁桥和浮桥。

古巴比伦王国在公元前1800年建造了多跨的木桥，桥长达183米。古罗马在公元前621年建造了跨越台伯河的木桥，在公元前481年架起了跨越赫勒斯旁海峡的浮船桥。古代美索不达米亚地区，在公元前4世纪建起挑出石拱桥（拱腹为台阶式）。

古代桥梁在17世纪以前，一般是用木、石材料建造的，并按建桥材料把桥分为石桥和木桥。

1. 石桥

石桥的主要形式是石拱桥。据考证，我国早在东汉时期（公元25年—220年）就出现了石拱桥，如出土的东汉画像砖刻上就刻有拱桥图形。现在尚存的赵州桥（又名安济桥），建于公元605年—617年，净跨径为37米，首创在主拱圈上加小腹拱的空腹式（敞肩式）拱。中国古代石拱桥拱圈和墩一般都比较薄，比较轻巧，如建于公元816年的宝带桥，全长317米，薄墩扁拱，结构精巧。

古罗马时代，欧洲建造拱桥较多，如公元前200年—公元200年在罗马台伯河建造了8座石拱桥，其中建于公元前62年的法布里西奥石拱桥，桥有2孔，各孔跨径为24.4米。公元98年，西班牙建造了阿尔桥，高达52米。此外，这个时期出现了许多石拱水道桥，如现存于法国的加尔德引水桥，建于公元前1世纪，桥分为3层，最下层为7孔，跨径为16~24米。古罗马时代拱桥多为半圆拱，跨径小于25米，墩很宽，约为拱跨的三分之一。

古罗马帝国灭亡后数百年，欧洲桥梁建筑进展不大。11世纪以后，尖拱技术由中东和埃及传到欧洲，欧洲开始出现尖拱桥，如法国在1178年—1188年建成的阿维尼翁桥，为20孔、跨径达34米的尖拱桥。英国在1176年—1209年建成的泰晤士河桥为19孔、跨径约7米的尖拱桥。西班牙在13世纪建了不少拱桥，如托莱多的圣马丁桥。拱桥除圆拱、割圆拱外，还有椭圆拱和坦拱。1542年—1632年，法国建造的皮埃尔桥为7孔不等跨椭圆拱，最大跨径约32米。1567年—1569年，在佛罗伦萨的圣托里尼搭建了三跨坦拱桥，其矢高同跨度比为1∶7。11世纪—17世纪建造的桥，有的在桥面两侧设商店，如意大利威尼斯的里亚尔托桥。

石梁桥是石桥的又一形式。中国陕西省西安附近的灞桥原为石梁桥。公元11世纪—12世纪，南宋泉州地区先后建造了几十座较大型的石梁桥，其中有洛阳桥、安平桥。安平桥（五里桥）原长2500米，362孔；现长2070米，332孔。英国达特穆尔现存的石板桥，有的已有2000多年的历史。

2. 木桥

早期木桥多为梁桥，如秦代在渭水上建的渭桥，即为多跨梁式桥。木梁桥跨径不大，伸臂木桥可以加大跨径。

出现较早的拱桥，是公元104年在匈牙利多瑙河上建成的特拉杨木拱桥，共有21孔，每孔跨径为36米。我国河南开封修建的虹桥净跨约为20米，也是木拱桥，建于1032年。

我国西南地区有用竹篾缆造的竹索桥。著名的竹索桥是四川灌县珠浦桥，桥为8孔，最大跨径约60米，总长330余米，建于宋代以前。

（二）近代桥梁

18 世纪，铁的生产和铸造为桥梁提供了新的建造材料。但铸铁抗冲击性能差，抗拉性能也低，易断裂，并非良好的造桥材料。19 世纪 50 年代以后，随着酸性转炉炼钢和平炉炼钢技术的发展，钢材成为重要的造桥材料。钢的抗拉强度大，抗冲击性能好，尤其是 19 世纪 70 年代出现的钢板和矩形轧制断面钢材，为桥梁的部件在厂内组装创造了条件，使钢材应用日益广泛。

18 世纪初，出现了用石灰、黏土、赤铁矿混合煅烧而成的水泥。19 世纪 50 年代，人们开始在混凝土中放置钢筋以弥补水泥抗拉性能差的缺点。19 世纪 70 年代，建成了钢筋混凝土桥。

近代桥梁建造促进了桥梁科学理论的兴起和发展。1857 年，由圣沃南在前人对拱理论、静力学和材料力学研究的基础上，提出了较完整的梁理论和扭转理论。这个时期连续梁和悬臂梁的理论建立起来，桥梁桁架分析（如华伦桁架和豪氏桁架的分析方法）也得到解决。19 世纪 70 年代后，经德国人库尔曼、英国人兰金和麦克斯韦等人的努力，结构力学获得很大的发展，能够对桥梁各构件在荷载作用下发生的应力进行分析。这些理论的发展，推动了桁架、连续梁和悬臂梁的发展。19 世纪末，弹性拱理论已较完善，促进了拱桥的发展。20 世纪 20 年代土力学的兴起，推动了桥梁基础的理论研究。

近代桥梁按建桥材料划分，除木桥、石桥外，还有铁桥、钢桥、钢筋混凝土桥。

16 世纪前已有木桁架。1750 年，在瑞士建成多座木桥，如赖谢瑙桥，跨径为 73 米。在 18 世纪中叶至 19 世纪中叶，美国建造了不少木桥，如 1785 年在佛蒙特州贝洛兹福尔斯的康涅狄格河建造的第一座木桁架桥，桥共两跨，各长 55 米；1812 年在费城斯库尔基尔河上建造的拱和桁架组合木桥，跨径达 104 米。桁架桥省掉拱和斜撑构件，简化了结构，因而得到广泛应用。桁架理论的发展，使各种形式桁架木桥相继出现。

由于木结构桥用铁件量很多，不如全用铁经济，因此 19 世纪后期木桥逐渐为钢铁桥所代替。

铁桥包括铸铁桥和锻铁桥。铸铁性脆，宜于受压，不宜受拉，适宜作为拱桥建造材料。世界上第一座铸铁桥是英国科尔布鲁克代尔厂所造的塞文河桥，建于1779年，为半圆拱，由五片拱肋组成，跨径30.7米。锻铁抗拉性能较铸铁好，19世纪中叶跨径60至70米的公路桥都采用锻铁链吊桥。铁路因吊桥刚度不足而采用桁桥，如1845年—1850年英国建造布列坦尼亚双线铁路桥，为箱式锻铁梁桥。19世纪中期以后，梁的定理和结构分析理论相继建立，推动了桁架桥的发展，并出现多种形式的桁梁。但那时对桥梁抗风的认识不足，桥梁一般没有采取防风措施。1879年12月，才建成18个月的苏格兰阳斯的泰湾铁路锻铁桥被大风吹倒，就是因为桥梁没有设置横向连续抗风构。

我国于1705年修建的四川大渡河泸定铁链吊桥，桥长100米，宽2.8米，至今仍在使用。欧洲第一座铁链吊桥是英国的蒂斯河桥，建于1741年，跨径20米，宽0.63米。世界上第一座不用铁链而用铁索建造的吊桥，是瑞士的弗里堡桥，建于1830年—1834年，桥的跨径为233米。这座桥用2000根铁丝就地放线，悬在塔上，锚固于深18米的锚碇坑中。

1855年，美国建成尼亚加拉瀑布公路铁路两用桥。这座桥是采用锻铁索和加劲梁的吊桥，跨径为250米。1869年—1883年，美国建成纽约布鲁克林吊桥，跨度为486米。这些桥的建造，提供了用加劲桁架来减弱震动的经验。此后，美国建造的长跨吊桥均用加劲梁来增大刚度，如1937年建成的旧金山金门桥（主孔长为1280米，边孔为344米，塔高为228米），以及同年建成的旧金山奥克兰海湾桥（主孔长为704米，边孔为354米，塔高为152米），都是采用加劲梁的吊桥。

19世纪中期，出现了根据力学原理设计的悬臂梁。英国人根据我国西藏木悬臂桥式，提出锚跨、悬臂和悬跨三部分的组合设想，并于1882年—1890年在英国爱丁堡福斯河口建造了铁路悬臂梁桥。这座桥共有6个悬臂，悬臂长为206米，悬跨长为107米，主跨长为519米。

1875年—1877年，法国园艺家莫尼埃建造了一座人行钢筋混凝土桥，跨径16米，宽4米。1890年，德国不来梅工业展览会上展出了一座跨径40米的人行钢筋混凝土拱桥。1898年，修建了沙泰尔罗钢筋混凝土拱桥。这座桥是三铰拱，跨径52米。1905年，瑞士建成塔瓦纳萨桥，跨径51米，是一座箱形三铰拱桥，矢高5.5米。

1928年，英国在贝里克的罗亚尔特威德建成4孔钢筋混凝土拱桥，最大跨径为110米。1934年，瑞典建成跨径为181米、矢高为26.2米的特拉贝里拱桥；1943年，又建成跨径为264米、矢高近40米的桑德拱桥。

（三）现代桥梁

20世纪30年代，预应力混凝土和高强度钢材相继出现，材料塑性理论和极限理论的研究、桥梁振动的研究、空气动力学的研究，以及土力学的研究等获得了重大进展，为节约桥梁建筑材料、减轻桥重、预计基础下沉深度和确定其承载力提供了科学依据。现代桥梁按建桥材料可分为预应力钢筋混凝土桥、钢筋混凝土桥和钢桥。

1. 预应力钢筋混凝土桥

1928年，法国工程师尤金·弗雷西内经过20年的研究，用高强钢丝和混凝土制成预应力钢筋混凝土。这种材料克服了钢筋混凝土易产生裂纹的困难，使桥梁可以用悬臂安装法、顶推法施工。随着高强钢丝和高强混凝土的不断发展，预应力钢筋混凝土桥的结构不断改进，跨度不断提高。

预应力钢筋混凝土桥有简支梁桥、连续梁桥、悬臂梁桥、拱桥、桁架桥、刚架桥、斜拉桥等桥型。简支梁桥的跨径多在50米以下。连续梁桥如1966年建成的法国奥莱隆桥，是一座预应力混凝土连续梁高架桥，共有26孔，每孔跨径为79米。1982年建成的美国休斯敦船槽桥，是一座中跨229米的预应力混凝土连续梁高架桥，用平衡悬臂法施工。悬臂梁桥如1964年联邦德国在柯布伦茨建成的本多夫桥，其主跨为209米；1976年建成的日本滨名桥，主跨240米；我国1980年完工的重庆长江大桥，主跨174米。

2. 钢筋混凝土桥

1945年以后，世界上修建了多座较大跨径的钢筋混凝土拱桥，如1963年通车的葡萄牙亚拉达拱桥，跨径为270米，矢高50米；1964年完工的澳大利亚悉尼港的格莱兹维尔桥，跨径305米。

我国1964年创造钢筋混凝土双曲拱桥，桥由拱肋和拱波组成，纵向和横向均有曲度，横向也用拱波形式。

3. 钢桥

1945年以后，随着强度高、韧性好、抗疲劳和耐腐蚀的钢材的出现，以及用焊接平钢板、角钢、板钢材等加劲所形成的轻而高强的正交异性板桥面的出现，高强度螺栓的应用等，使钢桥有了很大发展。

4. 其他

钢板梁和箱形钢梁同混凝土相结合的桥型,以及把正交异性板桥面同箱形钢梁相结合的桥型,在大、中跨径的桥梁上被广泛运用。1951 年,德国建成的杜塞尔多夫至诺伊斯桥,是一座正交异性板桥面箱形梁桥,跨径 206 米。1957 年,德国建成的杜塞尔多夫北桥,是一座 6 孔 72 米钢板梁结交梁桥。1957 年,南斯拉夫建成的位于贝尔格莱德的萨瓦河桥,是一座钢板梁桥,其中主跨为 3 孔,跨径分别为 75 米、261 米、75 米,为倒 U 形梁。1973 年,法国建成的马蒂格斜腿刚架桥,主跨为 300 米。1972 年,意大利建成的斯法拉沙桥,跨径达 376 米,是当时世界上跨径最大的钢斜腿刚架桥。1966 年,美国完工的俄勒冈州阿斯托里亚桥,是一座连续钢桁架桥,跨径达 376 米。1966 年,日本建成的大门桥,是一座连续钢桁架桥,跨径达 300 米。1968 年,我国建成的南京长江大桥,是一座公路铁路两用的连续钢桁架桥,正桥 9 墩 10 跨,长 1576 米,最大跨度 160 米,全桥长 6772 米。

三、国内外桥梁建筑的成就

(一)我国桥梁建筑的成就

我国古代修建的桥梁大多是石桥,举世闻名的河北省石家庄市赵县的赵州桥,又称安济桥,是我国古代石拱桥的杰出代表,赵州桥始建于隋代,由匠师李春设计建造。该桥是一座空腹式圆弧形石拱桥,净跨 37.02 米,宽 9.6 米,拱矢高 7.23 米,在拱圈两肩上各设有两个跨度不等的腹拱,这样既减轻了桥身自重、节省了材料,又便于泄洪,还增加了美观性。赵州桥的设计构思和工艺在当时不仅在我国首屈一指,在世界上也处于领先水平。

我国现存年代最早的跨海梁式大石桥——洛阳桥,位于福建省泉州市东郊的洛阳江上,是世界桥梁筏形基础的开端。作为中国现存最早的跨海石桥,其"筏形基础""种蛎固基法",是中国乃至世界造桥技术创举,充分显示了中国古代劳动人民的非凡智慧。

建于中唐时代的宝带桥,又名长桥,是古代桥梁建筑的杰作,位于江苏省苏州市吴中区长桥镇(今长桥街道),傍京杭运河西侧,跨澹台湖口,与赵州桥、卢沟桥等合称为"中国十大名桥"。宝带桥全桥用金山石筑成，桥长317米，桥孔53孔，是中国现存的古代桥梁中最长的一座多孔石桥。该桥始建于唐元和十一年（公元816年），现桥由明清两代修建。

我国跨径最大的简支梁桥，是于1997年建成的昆明南过境干道高架桥，跨径63米。

1991年建成的云南六库怒江大桥，为预应力混凝土箱形截面连续梁桥，主跨跨径为154米；2001年7月建成的南京长江二桥北汊桥，是我国目前跨径最大的预应力混凝土连续梁桥。

混凝土主梁的斜拉桥有1993年建成的湖北郧阳汉江大桥，跨径414米；1995年建成的安徽铜陵长江大桥，跨径432米；1996年建成的重庆长江二桥，跨径444米；2001年建成的重庆佛寺长江大桥，跨径450米；2002年建成的湖北荆州长江大桥，跨径500米。

我国特大跨径的悬索桥从20世纪90年代中期开始得到了飞速发展。1995年建成的广东汕头海湾大桥，是采用跨径为452米的预应力混凝土箱梁作为加劲梁的悬索桥，开创了我国公路悬索桥之先河；2005年建成的江苏润扬长江大桥，跨径达1490米。

（二）国外桥梁建筑的成就

桥梁建筑的发展，与社会生产力的发展、工业水平的提高、施工技术的进步及计算技术的改革等方面都有关系，其中与建筑材料革新的关系最为密切。

1855年，法国建造了第一批采用水泥砂浆砌筑的石拱桥；早在1899年—1903年，卢森堡建成了跨度达84米的石拱桥；20世纪初，法国建成的戴拉卡混凝土箱形拱桥，其跨度达139.8米；1946年，瑞典建成的绥依纳松特桥，跨径达155米。

钢筋混凝土桥的出现，要追溯到1873年法国的约瑟夫·莫尼尔首创建成的一座用钢筋混凝土材料建造的拱式人行桥。钢筋混凝土拱桥的兴起，推动了拱桥向更大跨径方向发展。1930年，法国建成了三孔跨径为186米的拱桥；1943年，瑞典建成了跨径达264米的桑独桥。直到1979年，因支架施工问题，钢筋混凝土桥的应用受到一定的限制。1980年，南斯拉夫首次用无支架悬臂施工方法，建成了跨度达390米的克尔克桥。

1928 年，法国著名工程师弗莱西奈经过 20 年研究，使预应力混凝土技术付诸实行。此后，新颖的预应力混凝土桥梁在法国和德国迅速发展起来，大大推进了梁式桥的发展。

德国最早采用全悬臂法建造预应力混凝土桥梁，1952 年成功地建成莱茵河上的沃伦姆斯桥后，该施工方法传遍全世界，这可以说是桥梁施工方法的一次革命。10 年后，莱茵河上另一座桥——本道尔夫桥问世，标志着悬臂施工技术日臻完善。

世界上第一座具有钢筋混凝土主梁的斜拉桥，是 1925 年在西班牙修建的跨越但波尔河的水道桥，其主跨为 60.35 米。世界上第一座现代化斜拉桥，是 1955 年瑞典建成的斯特罗姆海峡桥，其主跨为 182.6 米。美国在 1978 年建成的帕斯卡-肯尼斯克桥，其跨径为 299 米，是世界上第一座密索体系的预应力混凝土斜拉桥。建于 1994 年的法国诺曼底大桥，其主跨为 856 米。

在悬索桥方面，美国在 19 世纪 50 年代从法国引进了近代悬索桥技术，于 19 世纪 70 年代发明了"空中纺线法"编纺悬索桥主缆。1883 年建成了纽约布鲁克林桥，跨径达 483 米，开创了现代悬索桥的先河。1937 年建成了旧金山金门大桥，主跨达 1280 米。

第二节　桥梁的组成与分类

一、桥梁的基本组成

桥梁一般由上部结构、下部结构、支座和附属设施等几部分组成。

上部结构：线路中断时跨越障碍的主要承重结构，是桥梁支座以上（无铰拱起拱线或钢架主梁底线以上）跨越桥孔的总称；跨越幅度越大，上部结构的构造也就越复杂，施工难度也相应增加。

下部结构：包括桥墩、桥台和基础。桥墩和桥台是支撑上部结构并将其传来的恒载和车辆等活载再传至基础的结构物。设置在桥跨中间部分的称为桥墩，设置在桥跨两端与路堤相衔接的部分称为桥台。除了上述作用外，桥台还具有抵御路堤的土压力及防止路堤滑塌等作用。

桥墩和桥台底部的奠基部分，称为基础。基础承担了从桥墩和桥台传来的全部荷载，这些荷载包括竖向荷载，以及地震力、船舶撞击墩身而引起的水平荷载。由于基础往往深埋于水下地基中，因此基础是桥梁施工中难度较大的一个部分，也是确保桥梁安全的关键。

支座：是设在墩（台）顶，用于支撑上部结构的传力装置，它不仅要传递很大的荷载，还要保证上部结构按设计要求能产生一定的变位。

基本附属设施：包括桥面系、伸缩缝、桥梁与路堤衔接处的桥头搭板和锥形护坡等。

以下是一些与桥梁布置和结构有关的主要尺寸和术语名称。

净跨径：对于梁式桥，是指设计水位相邻两个桥墩（或桥台）之间的净距；对于拱式桥，是指每孔拱跨两个拱脚截面最低点之间的水平距离。

总跨径：是多孔桥梁中各净跨径之和，它反映了桥下泄洪的能力。

计算跨径：对于设有支座的桥梁，是指桥跨结构相邻两个支座中心之间的距离；对于拱式桥，是指两相邻拱脚截面形心点之间的水平距离，用 l 表示。桥跨结构的力学计算是以 l 为基准的。

桥梁全长（简称桥长）：对于有桥台的桥梁，是指两岸桥台后端点之间的水平距离；对于无桥台的桥梁，是指桥面行车道的长度。

桥梁高度（简称桥高）：指桥面与低水位之间的高差，或指桥面与桥下线路路面之间的距离（指跨线桥）。桥高在某种程度上反映了桥梁施工的难易性。

桥下净空：为了满足通航、行车或行人等需要，并保证桥梁结构安全，而对上部结构底缘以下所规定的净空间的界限。

桥面净空：指路、铁路和城市桥梁行车道、人行道上方应保持的净空间界限。

桥梁建筑高度：指上部结构底缘至桥面顶面的垂直距离。线路定线中确定的桥面标高与桥下净空界限顶部标高之差，称为桥梁的容许建筑高度。因此，桥梁设计的建筑高度不得大于容许建筑高度，否则就不能保证桥下通航或行车等要求。

净矢高（对拱桥而言）：指从拱顶截面下缘至相邻两跨拱脚截面下缘最低点之连线的垂直距离。

计算矢高：指拱顶截面形心至相邻两拱脚截面形心连线的垂直距离。

二、桥梁的分类

目前桥梁的种类繁多，它们都是在长期的生产活动中通过反复实践和不断总结发展起来的。按照桥梁的受力、用途、材料和规模等区别，有不同的桥梁分类方法，以下分别加以介绍。

（一）按桥梁的受力体系分类

1. 梁式桥

梁式桥是一种在竖向荷载作用下无水平反力结构的桥梁。由于外力（恒载和活载）的作用方向与桥梁结构的轴线接近垂直，故与同样跨径的其他结构体系相比，梁桥内产生的弯矩最大，通常需用抗弯、抗拉能力强的材料（如钢、钢筋混凝土等）来建造。

对于中、小跨径的公路桥梁，目前应用最广泛的是标准跨径钢筋混凝土或预应力混凝土装配式简支梁（板）桥。这种梁桥结构简单、施工方便，且对地基承载力的要求也不高。钢筋混凝土简支梁桥的跨径一般要小于 25 米。当跨径较大时，应采用预应力混凝土，但即便如此，其跨径一般不宜超过 50 米。

为了改善受力条件和使用性能，当地质条件较好时，中、小跨径梁桥均可修建连续梁桥。对于大跨径和特大跨径的梁桥，可采用预应力混凝土、钢和钢—混凝土组合梁桥。

2. 拱式桥

拱式桥的主要承重结构是主拱圈或拱肋。在竖向荷载作用下，桥墩和桥台将承受水平推力。同时，墩台向拱圈或拱肋提供水平反力，这将大大抵消在拱圈或拱肋中由荷载引起的弯矩。因此，与同跨径的梁式桥相比，拱桥的弯矩、剪力和变形要小得多。拱圈或拱肋以受压为主。拱桥对墩台有水平推力，其承重结构以受压为主，这是拱桥的主要受力特点。因此，通常可采用抗压能力强的圬工材料（如砖、石、混凝土等）和钢筋混凝土来建筑拱桥。

同时应注意，由于拱桥往往有较大的水平推力，为了确保拱桥的安全，下部结构（特别是桥台）和地基必须具备承受很大水平推力的能力。一般应选择地质条件较好的地域修建拱桥。

在地质条件不适合修建具有强大推力拱桥的情况下，也可采用无水平推力的系杆拱桥，其水平推力由系杆承受，系杆可由预应力混凝土、钢等制作。另外，也可修建近年发展起来的水平推力很小的"飞鸟式"三跨自锚式系杆拱桥，即在边跨的两端施加强大的预加力传至拱脚，以抵消主跨拱脚巨大的恒载水平推力。

拱桥不仅跨越能力强，而且外形较美观，在条件允许的情况下，修建拱桥往往是较为经济合理的。按照行车道处于主拱圈的不同位置，拱桥可分为三种，即上承式、中承式和下承式。

3. 悬索桥

传统的悬索桥（也称吊桥）均采用悬挂在两边塔架上的强大缆索作为主要的承重结构。悬索桥的承重结构包括主缆、塔柱、加劲梁、锚碇及吊杆。在竖向荷载作用下，通过吊杆使主缆承受巨大的拉力。主缆悬跨在两边塔柱上，锚固于两端的锚碇结构中，由锚碇承受主缆传来的巨大拉力，这就需要在两岸桥台的后方修筑巨大的锚碇结构。悬索桥也具有水平反力（拉力）的结构。现代悬索桥的主缆用高强度的钢丝编制而成，以充分发挥其优良的抗拉性能。

相对于其他体系的桥梁而言，悬索桥自重轻，结构的刚度较小，属于柔性结构，是目前跨越能力最强的桥型。但在车辆荷载和风荷载的作用下，悬索桥将产生较大的变形和振动。

4. 刚架桥

刚架桥的主要承重结构是梁（或板）和立柱（或竖墙体）结合在一起的钢架结构，梁和柱的连接处具有很大的刚性。在竖向荷载作用下，主梁端部产生负弯矩，柱脚处产生水平反力。

刚架桥的跨中建筑高度可做得较小，因此通常适用于建在需要较大的桥下净空和建筑高度受到限制的情况，如跨线桥、立交桥和高架桥等。刚架桥在竖向荷载的作用下，一般都会产生水平推力。为此，必须有良好的地基条件或用较深的基础（如桩基础、沉井基础等），也可用特殊的构造措施来抵抗水平推力的作用。另外，刚架桥大多数为超静定结构，故在混凝土收缩、徐变、温度变化、墩台不均匀沉陷和预应力等因素的作用下，均会使刚架桥产生较大的附加内力，这应在设计和施工中予以注意。

除了门式刚架桥外，还有 T 形刚架桥、连续刚构桥和斜腿刚架桥。

大跨径的刚架桥一般要承受正负弯矩的交替作用，主梁横截面宜采用箱形截面。

5. 斜拉桥

斜拉桥是将主梁用许多拉索直接拉在桥塔上的一种桥梁，是由承压的塔、受拉的索和承弯的梁体组合起来的一种结构体系。其可看作拉索代替支墩的多跨弹性支撑连续梁，这种结构体系可使梁体内弯矩减小，降低建筑高度，减轻结构重量，节省材料。

斜拉桥主要由塔柱、主梁、斜拉索组成，斜拉桥实际上是梁式桥与吊桥的组合形式。

斜拉桥的主要受力特点是：斜拉索受拉力，它将主梁多点吊起（类似吊桥），将主梁的恒载和车辆等其他荷载传至塔柱，再通过塔柱传至基础和地基。塔柱以受压为主。主梁由于被斜拉索吊起，从而使主梁内的弯矩较一般梁式桥大大减小，这也是斜拉桥具有较大跨越能力的主要原因。主梁受斜拉索水平力的作用，因此为压弯构件。

斜拉桥的塔柱、斜拉索和主梁在纵向面内形成了稳定的三角形，因此斜拉桥的结构刚度较悬索桥大，其抗风稳定性较悬索桥好。在目前所有的桥型中，斜拉桥的跨越能力仅次于悬索桥。但是，当斜拉桥的跨度很大时，悬臂施工的斜拉桥会因主梁悬臂过长，承受斜拉索传来的水平压力过大，因而风险较大、塔柱也过高、外侧斜拉索过长，这也是斜拉桥跨越能力不能与悬索桥相比的主要原因。

（二）桥梁的其他分类

桥梁除了可以按受力特点分类外，还可以按桥梁的用途、大小规模、建桥的材料等进行分类。

第一，按用途来划分，可分为公路桥、铁路桥、公铁两用桥、人行桥、水运桥（或渡桥）和管线桥等。

第二,按桥梁总长和跨径的不同来划分,可分为特大桥、大桥、中桥、小桥和涵洞。

第三,按主要承重结构采用的材料来划分,可分为钢筋混凝土桥、预应力混凝土桥、圬工桥(包括砖、石、混凝土)、钢桥、钢—混凝土组合桥和木桥等。木材易腐,而且资源有限,因此除了少数临时性桥梁外,一般不采用木材作为主要承重结构。

第四,按跨越障碍的性质来划分,可分为跨河桥、跨线桥(立体交叉)、高架桥和栈桥。高架桥一般指跨越深沟峡谷以代替高路堤的桥梁,以及在城市中跨越道路的桥梁。

第五,按上部结构的行车道位置来划分,可分为上承式桥、中承式桥和下承式桥。桥面布置在主要承重结构上的称为上承式桥;桥面布置在承重结构之下的称为下承式桥;桥面布置在桥跨结构高度中间的称为中承式桥。

第三节 桥梁的总体规划设计

一、桥梁总体规划原则和基本设计资料

(一)桥梁设计的基本要求

桥梁的设计,根据其使用任务、性质和所在线路的远景发展需要,除应符合技术先进、安全可靠、适用耐久、经济合理的要求外,还应充分考虑建造技术的先进性以及环境保护和可持续发展的要求。桥梁建设应遵循的各项原则分述如下。

1.安全

应保证所设计的桥梁结构,在制造、运输、安装和使用过程中有足够的强

度、刚度、稳定性和耐久性，并有一定的安全储备。根据桥上交通和行人情况，应考虑在桥面设置人行道、缘石、护栏、栏杆等设备，以保证行人和行车安全。

2. 适用

桥梁宽度应满足车辆和人群的交通流量要求，并应满足今后规划年限内交通流量增长的需要。桥下应满足泄洪、通航或通车等要求。桥梁两端方便车辆进出，以防止出现交通堵塞。此外，还要便于检查和维修。

3. 经济

在桥梁设计中，经济性是首先要考虑的因素。桥梁设计应遵循因地制宜、就地取材和方便施工的原则，综合考虑发展远景和将来的养护维修，使其造价和养护费用综合起来最低。

4. 美观

一座桥梁应具有优美的外形，结构布置必须精练，并在空间上有和谐的比例，合理的结构布局和轮廓是使桥梁美观的主要因素。桥型应与周围环境相协调，城市桥梁和游览地区的桥梁可较多地考虑建筑艺术上的要求。另外，施工质量对桥梁美观也有重大影响。

（二）桥梁设计的步骤

一座桥梁的规划设计涉及很多因素，特别是工程比较复杂的大、中桥梁，是一个综合性的系统工程。因此，必须建立一套严格的管理体制和有序的工作程序。在我国，基本建设程序分为前期工作和正式设计两个大步骤，以下为它们的主要内容及要求。

1. "预可"阶段

"预可"研究形成的"预工程可行性研究报告书"（简称"预可报告"），应从经济、政治、国防等方面详细阐明建桥理由以及工程建设的必要性和重要性，同时初步探讨技术上的可行性。对于区域性线路上的桥梁，应以建桥地点（渡口等）的车流量调查为立论依据。

"预可"阶段的主要工作目标是解决建设项目的上报立项问题，因而，在"预可报告"中应编制几个可能的桥型方案，并对工程造价、资金来源、投资回报等问题有初步估算和设想。

设计方将"预可报告"交业主后，由业主据此编制"项目建议书"报主管上级审批。

2. "工可"阶段

"工可"阶段与"预可"阶段的内容和目的基本一致，只是研究的深度不同。在预可报告被审批确认后，可着手"工可"阶段的工作。在这一阶段，着重研究和制定桥梁的技术标准，包括设计荷载标准、设计车速、桥面坡度和曲线半径等。同时，应与河道、航运、规划等部门共同研究，以协商确定相关的技术标准。

此阶段应提出多个桥型方案，并按中华人民共和国交通运输部《公路工程建设项目投资估算编制办法》估算造价，落实资金来源和投资回报等问题。

3. 初步设计

初步设计阶段应根据批复的可行性研究报告、测设合同、初测初勘或定测详勘资料确定设计方案。此阶段应通过多个桥型方案的比选推荐最优方案，报上级审批。在编制各个桥型方案时，应提供平、纵、横布置图，标明主要尺寸；估算工程数量和主要材料数量，提出施工方案的意见；编制设计概算，提供文字说明和图表资料。初步设计经批复后，成为施工准备、编制施工图设计文件和控制建设项目投资等的依据。

4. 技术设计

对于技术上复杂的特大桥、互通式立交桥或新型桥梁结构，需进行技术设计。

技术设计应根据初步设计批复意见、测设合同的要求，对重大、复杂的技术问题通过科学试验、专题研究、加深勘探调查及分析比较，进一步完善批复的桥型方案以及施工方案，并修正工程概算。

5. 施工图设计

两阶段（或三阶段）施工图设计应根据初步设计（或技术设计）批复意见、测设合同，进一步对所审定的修建原则、设计方案、技术决定加以具体和深化。在此阶段，必须对桥梁各种构件进行详细的结构计算，并且确保强度、稳定、刚度、裂缝、构造等各种技术指标满足规范要求。同时，绘制施工详图，提出文字说明及施工组织计划，并编制施工图预算。国内桥梁通常采用两阶段设计，即初步设计和施工图设计，对于技术简单、方案明确的小桥，也可采用一阶段设计，即施工图设计。

（三）桥梁设计的基本资料

设计者在设计之前首先要选择合理的桥位，这常常是影响桥梁设计、施工和使用的全局问题。对于所选定的桥位，必须进一步调查研究，只有详细分析建桥的具体情况，才能做出合理的设计方案。现将一般桥梁设计中需要进行的资料调查工作分述于下。

第一，调查研究桥梁的使用任务。即调查桥上的交通种类和行车、行人的往来密度，以确定桥梁的荷载等级和行车道、人行道宽度等；调查桥上是否需要铺设电缆或输水、输气管道等，如需铺设应设置专门的构造装置。

第二，调查和测量河流的水文情况，包括调查河道性质（如河床及两岸的冲刷和淤积、河道的自然变迁等）；收集和分析历年的洪水资料；绘制河床断面图；调查河槽各部分的形态标志；通过计算确定各种特征水位、流速、流量；与航运部门协商确定通航水位和通航净空；了解河流上有关水利设施对新建桥梁的影响等。

第三，测量桥位附近的地形，绘制地形图，供设计和施工使用。

第四，调查和收集桥位处的地震资料，确定桥梁的抗震设防烈度。

第五，探测桥位的地质情况，包括土壤的分层标高、物理力学性能、地下水等，并将钻探资料绘成地质剖面图，作为基础设计的重要依据。对于遇到的地质不良现象，如滑坡、断层、溶洞、裂隙等，应详加注明。为使地质资料更接近实际，可以根据初步拟订的桥梁分孔方案将钻孔布置在墩台附近。

第六，调查和收集有关气象资料，包括气温、雨量及风速（或台风影响）等情况。

第七，调查当地建筑材料（沙、石料等）的来源，水泥、钢材的供应情况，以及水陆交通的运输情况。

第八，调查了解施工单位的技术水平、施工机械等装备情况，以及施工现场的动力设备和电力供应情况。

第九，调查新建桥位上、下游有无老桥，其桥型布置和使用情况等。

很明显，选择桥位需要一定的地形、地质和水文等资料，选定桥位后，又需要为进一步的桥梁设计提供更为详尽的依据资料，因此以上各项工作往往是互相渗透、交错进行的。

二、桥梁平面、纵断面、横断面的设计

（一）桥梁平面的设计

桥梁的线形与桥头引道要保持平顺，使车辆能平稳通过。高速公路、一级公路上的各类桥梁除特大桥外，其线形布设应满足路线总体布设的要求。而特大桥应尽量顺直，以方便桥梁结构的设计。二级、三级、四级公路上的中、小桥与涵洞的线形及其与公路的衔接也应符合路线总体布设的要求。

二级、三级、四级公路上的特大桥、大桥桥位选择的余地较小，成为路线控制点时，路线线位应兼顾桥位。

（二）桥梁纵断面的设计

桥梁纵断面设计包括确定桥梁的总跨径、桥梁的分孔、桥道的高程、桥上和桥头引道的纵坡以及基础的埋置深度等。

1. 桥梁总跨径的确定

对于一般跨河桥梁，总跨径通常根据水文计算来确定。一方面，桥梁的总跨径必须保证桥下有足够的排洪面积，使河床不致遭受过大的冲刷。另一方面，根据河床土壤的性质和基础的埋置情况，设计者应视河床的允许冲刷深度，适当缩短桥梁的总长度，以节约总投资。由此可见，桥梁的总跨径应根据具体情况经过全面分析后加以确定。例如，对于深埋基础，一般允许较大的冲刷，总跨径可以适当减小。而平原区稳定的宽滩河段一般流速较小，漂流物也少，主河槽较大，这时可以对河滩的浅水流区段做较大的压缩。但必须慎重校核，压缩后桥梁的壅水不得危及河滩路堤以及附近农田和建筑物。

2. 桥梁的分孔

对于一座较长的桥梁，应当分成若干孔。孔径的大小不仅影响使用效果、施工难易等，并在很大程度上关系到桥梁的总造价。跨径越大，孔数越少，上部结构的造价就越大，而墩台的造价就越小；反之，则上部结构的造价降低，而墩台造价将提高。通常采用最经济的分孔方式，即使上、下部结构的总造价趋于最低。因此，当桥墩较高或地质不良，基础工程较复杂而造价较高时，桥梁跨径就选得大一些；反之，当桥墩较矮或地基较好时，跨径就可以选得小一

些。在实际工作中，应对不同的跨径布置进行粗略的方案比较，来选择最经济的跨径和孔数。

对于通航河流，在分孔时首先应满足桥下的通航要求。桥梁的通航孔应布置在航行最方便的河域。对于变迁性河流，考虑航道可能发生变化，应多设几个通航孔。

在平原区宽阔河流上的桥梁，通常在主河槽部分按需要布置较大的通航孔，而在两侧浅滩部分按经济跨径进行分孔。如果经济跨径较通航要求者大，则通航孔也应取用较大跨径。

在山区深谷上、水深流急的江河上修桥，或需在水库上修桥时，为了减少中间桥墩，应加大跨径。如果条件允许，甚至可以采用特大跨径的单孔跨越。

对于河流中存在不利的地质段，如岩石破碎带、裂隙、溶洞等，在布孔时要将桥基位置移开，或适当加大跨径。

在有些体系中，为了结构受力合理和用材经济，分跨布置时要考虑合理的跨径比例。例如，为了使钢筋混凝土连续梁桥的中跨和相邻边跨的跨中最大、正弯矩接近相等，其中跨和相邻边跨的跨径比值，对于三跨连续梁约为1:0.8，对于五跨连续梁约为1:0.9:0.65。

跨径的选择还与施工能力有关，有时选用较大跨径虽然在经济上是合理的，但是限于现有的施工技术能力和设备条件，也只能将跨径减小。对于大桥施工，基础工程往往对工期起控制作用，在此情况下，从缩短工期出发，就应减少基础数量而修建较大跨径的桥梁。

总之，对于大、中型桥梁来说，分孔问题是设计中最基本、最复杂的问题，必须进行深入全面的分析，才能做出比较完美的方案。

3. 桥道标高的确定

对于跨河桥梁，桥道的标高应保证桥下排洪和通航的需要；对于跨线桥，则应确保桥下安全行车。在平原区建桥时，桥道标高的抬高往往伴随着桥头引道路堤土方量的显著增加。在修建城市桥梁时，桥过高会使两端引道延伸，影响市容，或者需要设置立体交叉或高架栈桥，导致造价提高。合理的桥道标高必须根据设计洪水位、桥下通航（通车）净空的需要，结合桥型、跨径等因素后，才能确定。

为保证桥下流水净空，梁底一般应高出设计洪水位（包括壅水和浪高）不小于 50 厘米，高出最高流冰水位 75 厘米；支座底面应高出设计洪水位 25 厘米，高出最高流冰水位不小于 50 厘米，如果支座部分有围护隔水者可不受此限。当河流有形成流冰阻塞的危险或有漂浮物通过时，应按实际调查的数据，在计算水位的基础上，结合当地具体情况预留一定富余量，作为确定桥下净空的依据。对于有沉积的河流，桥下净空应适当增加。

在不通航和无流筏的水库区域建桥，桥梁底面或拱顶底面离开水面的高度不应小于计算浪高的 75% 加上 0.25 米。

在通航及通行木筏的河流上建桥，必须设置保证桥下安全通航的通航孔。通航孔桥跨结构下缘的标高，应高出自设计通航水位算起的通航净空高度。所谓通航净空，就是在桥孔中垂直于水流方向所规定的空间界限，任何结构构件或航运设施均不得伸入其内。

综上所述，全桥位于河中的各跨的桥道标高应首先满足流水净空的要求；对于通航或桥下通车的桥孔还应满足通航净空或建筑净空限界的要求。另外，还应考虑桥的两端是否能够与公路或城市道路顺利衔接等。因此，全桥各跨的桥道标高是不相同的，必须综合考虑和规划，一般将桥梁的纵断面设计成具有单向或双向坡度的桥梁，这样既利于交通，又便于桥面排水（对于长度较短的小桥，可以做成平坡桥），还十分美观。但桥上纵坡不宜大于 4%，桥头引道纵坡不宜大于 5%。对于位于市镇混合交通繁忙处的桥梁，桥上纵坡和桥头引道纵坡均不得大于 3%，并应在纵坡变更的地方按规定设置竖曲线。

（三）桥梁横断面的设计

桥梁横断面的设计，主要是决定桥面的宽度和桥跨结构横截面的布置。桥面宽度取决于行车和行人的交通需要。

在可能的条件下，在高速公路、一级公路上，一般以建上、下行两座分离的独立桥梁为宜。

高速公路上的桥梁应设检修道，不宜设人行道。一、二、三、四级公路上桥梁的桥上人行道和自行车道的设置应根据需要而定，并应与前后路线布置协调。人行道、自行车道与行车道之间，应设分隔设施。一个自行车道的宽度为 1.0 米，当单独设置自行车道时，不宜小于两个自行车道的宽度。人行道的宽度宜为 0.75 米或 1.0 米，大于 1.0 米时，按 0.5 米的级差增加。当设路缘石时，路缘石高度可取用 0.25 米~0.35 米。漫水桥和过水路面可不设人行道。

高速公路、一级公路上的桥梁必须设置护栏。二、三、四级公路上特大、大、中桥应设护栏（或栏杆）和安全带，小桥和涵洞可仅设缘石或栏杆。不设人行道的漫水桥和过水路面应设标杆或护栏。

三、桥梁设计方案的选择

为了获得经济、适用和美观的桥梁设计方案，设计者必须根据各种自然、技术上的条件，因地制宜。在综合应用专业知识，了解掌握国内外新技术、新材料、新工艺的基础上，进行深入细致的分析、研究、对比工作，才能科学地得出完美的设计方案。桥梁设计方案的比选和确定可按下列步骤进行。

（一）明确各种标高的要求

在桥位纵断面图上，先行按比例绘出设计水位、通航水位、堤顶标高、桥面标高、通航净空和堤顶行车净空位置图。

（二）桥梁分孔和初拟桥型方案草图

在上述确定了各种标高的纵断面图上，根据泄洪总跨径的要求，做出桥梁分孔和桥型方案草图，画草图时思路要宽广，尽可能多绘制一些草图，以免遗漏可能的桥型方案。

（三）方案初选

对草图方案做技术和经济上的初步分析与判断，除去弱势方案，从中选出2~4 个构思好、各具特点但一时还难以判定孰优孰劣的方案，以做进一步的详细研究和比较。

（四）详绘桥型方案

根据桥型、跨度、宽度和施工方法，拟订主要尺寸并尽可能细致地绘制各个桥型方案的尺寸详图。对于新结构，应做初步的力学分析，以准确拟订各方案的主要尺寸。

（五）编制估算或概算

依据编制方案的详图，可以计算出上、下部结构的主要工程数量，然后依据各省、市或行业的"估算定额"或"概算定额"，编制各方案的主要材料（钢、木、混凝土等）用量、劳动力数量、全桥总造价（分上、下部结构列出）等。

（六）方案选定和文件汇总

综合考虑建设造价、养护费用、建设工期、营运适用性、美观等因素，分析、阐述每一个方案的优缺点，最后选定一个最佳的推荐方案。在深入比较过程中，应当及时发现并调整方案中的不尽合理之处，确保最后选定的是优中选优的方案。

上述工作全部完成之后，着手编写方案说明书。说明书中应阐明方案编制的依据和标准、各方案的主要特色、施工方法、设计概算，以及方案比较的综合性评述。对于推荐方案应做较详细的说明。各种测量资料、地质勘查和地震烈度复核资料、水文调查与计算资料等应按附件载入。

第三章　公路工程施工

第一节　公路路基施工

一、路基施工的技术分析

（一）路基施工的准备阶段

1. 试验准备

用作路基填方的材料，应按招标文件及监理工程师的要求进行各项试验检测，先测出其填料的最大干容重、最佳含水量、液限、塑限、塑性指数及CBR值（土基及路面材料承载能力）等，试验方法按《公路土工试验规程》进行。做有机质含量试验及易溶盐含量试验，经监理工程师认可，方可作为路基填筑材料。

2. 测量放样

项目经理部应根据设计院给定的导线点、水准点，安排测量工程师复测加密，经监理工程师确认无误后，利用其进行路线中桩、边桩的测量放样。路基的直线段每 20 m 一点，曲线段每 10 m 一点。在路基清表前必须检测原地面标高，测绘路基横断面，报送监理工程师审核批复。

（二）清理与掘除

1. 场地清理

通过现场测量放线，采用推土机或装载机等清除路基范围以内的有机物残渣、地面表层的草皮、农作物的根系和地表腐殖土，集中堆放在业主指定的区域范围，待业主统一调配使用。清除深度一般为 10 cm~30 cm。拆迁残留物砖石与其他砌体结构，采用推土机配合人工进行拆除，运往指定区域堆放。

2. 拆除与挖掘

路基工程开工后，路基用地范围以内原有结构物的地下部分、所有的树墩、树根和其他有机物都必须彻底掘除，运至指定地点处理。

3. 原地面坑（洞）穴处理

当原地面存在坑（洞）穴时，采用监理工程师批准的碎石回填、压实，经监理工程师检测合格后方可进行下道工序。

（三）路基开挖

1. 挖土方

（1）施工程序

路基土方开挖前，应按照设计图纸的要求及有关规定进行施工放线、测量放样，准确无误后报监理工程师审查，同意后作为路基施工质量控制的依据。然后进行场地清理和清表工作，开挖深度较浅时可以一次开挖成型，开挖深度较深时应分层开挖并做好边坡的修理和防护。

（2）主要施工方法

路基土方开挖，须按设计采取自上而下的方法开挖施工。对于高边坡开挖施工，应按图纸设计开挖平台和放坡，每个台阶从上至下同时做好防护工作。

用推土机将表层腐殖土清除，然后用自卸汽车运到指定地点，以备复耕或绿化使用；深层土用挖掘机配合推土机开挖，用自卸汽车运输，将利用土运到指定填土段，将弃土运至指定地点，按一定高度、坡度堆放。开挖施工中遇有不同的土层时，按土层分层进行开挖。边沟开挖根据路段具体情况，用挖掘机配合人工开挖。

路堑开挖前应先施工截水沟，做好堑顶截、排水。路堑的开挖方法根据路堑的深度、纵向长短及现场施工条件，有横向挖掘法、纵向挖掘法和混合式挖掘法等几种基本方法。横向挖掘法分为挖掘浅且短的路堑的单层横向全宽挖掘法和挖掘深且短的路堑的多层横向全宽挖掘法；纵向挖掘法又可以具体分为分层纵挖法、通道纵挖法和分段纵挖法；混合式挖掘法是多层横向全宽挖掘法和通道纵挖法的综合使用。

2. 挖石方

（1）基本要求

石方开挖应根据岩石条件、开挖尺寸、工程量和施工技术要求，通过方案比较拟定合理的开挖方式。其基本要求是：保证开挖质量和施工安全；符合施工工期和开挖强度的要求；有利于岩体完整和边坡稳定；可以充分发挥施工机械的生产能力；辅助工程量少。

（2）开挖方式

石方开挖根据岩石类别、风化程度和节理发育程度等确定开挖方式，主要开挖方式有机械开挖、钻爆开挖和静态破碎法开挖等。机械开挖不需要水、电等辅助设施，简化了场地布置，加快了施工进度，但这种方法不适于破碎坚硬的岩石。钻爆开挖是目前应用较为广泛的施工方法，常用的爆破方法有光面爆破、预裂爆破、微差爆破、定向爆破、硐室爆破等。静态破碎法是将膨胀剂放入炮孔内，利用产生的膨胀力，缓慢地作用于孔壁，经过 4 h~24 h 后，可达到 300 MPa~500 MPa 的压力，从而将岩石破碎。对于软石和强风化岩石，可采用推土机、挖掘机配合人工等方式直接开挖；次坚石等可以采用小型松动爆破方式开挖；坚石等则采用光面爆破、预裂爆破等方式开挖；对于附近存在建筑物或结构物的岩石，应采用静态破碎法开挖。

3. 路基填土压实

公路路基的强度和稳定性很大程度取决于路基填料的性质及其压实程度。从现有条件出发，改进填料和压实条件是保证路基质量最有效和最经济的方法。应对路基填料的最小强度和最大粒径给出量化的标准，当路基填料达不到规定的最小强度时，应采取掺加粗粒料的方法，或换填，或用石灰等稳定材料进行处理。对其他等级公路铺筑高级路面时，也要采用高速公路和一级公路的规定值。目前路基施工，一般采用的是大吨位的压路机，碾压效果有了明显的改善。对于提高路基土的压实度起到了很好的作用。高速公路和一级公路路面底面以下 80 cm~150 cm 部分的上路堤，其压实度必须 ≥ 95%。当其他等级公路铺筑高级路面时，其压实度亦应按高速公路和一级公路的标准。随着我国高速公路的飞速发展，路基施工技术也取得了相当大的进步，对于特殊路基的处理技术也日渐成熟和完善。

4. 路基路面排水

水是影响路基强度和稳定性的另一重要因素，许多路基病害都是由水的侵蚀造成的。另外，从保护环境、不损害当地农田水利设施角度考虑，也必须做好路基排水，形成排水系统，并与地区排水规划相协调。在路基施工中，应重视施工排水，防止因各种原因造成的水患，给路基、路面施工造成不必要的损失。通常地面排水采用的设施是边沟、截水沟、跌水、急流槽以及地表的排水管。对于高速公路和一级公路上的排水沟渠，一般都要求铺砌防护。高速公路和一级公路通过水网地段的路基，改进了过去"逢沟设涵"的做法，重新对路线两侧的灌溉沟渠进行系统布置，免去了穿越路线的排灌涵洞，从而提高了路基的工程质量。路面排水的任务是迅速排除路面范围内的降水，减少水从路面渗入，使之不冲刷路基边坡。路拱横坡应 ≥ 2%。

将雨水排出路面有两种方式。第一种是集中排水，在硬路肩外侧设置水泥混凝土预制块或现浇沥青混凝土的拦水带，使其与硬路肩路面构成三角形的急流槽。同时，每隔 20 m~50 m 间距设一泄水口与路堤边坡急流槽衔接，将雨水排到坡脚排水沟中。超高路段通过设在中央带的圆形开口排水沟或雨水井排水。第二种是分散排水，多用于地势平坦、路线纵坡小于 0.3% 的长路段。除了硬化路肩和加固路基边坡外，在经过地下水位较高的绿洲地带，也要防止边坡上部的植草向上生长挡住横向排水出路，从而造成路表积水。改进的方法是硬化路肩，设置路肩排水沟，增大沟坡排水。路基地下排水仍多用暗沟、盲沟、渗沟、渗井等方式，当水流量较大时，多采用带渗水管的渗沟。

5. 路基的防护

路基的修筑改变了地层的天然平衡状态，同时路基暴露在自然空间，不断受各种错综复杂的自然因素侵蚀，极易受损，因此需要对路基进行各种类型的防护。

坡面防护。坡面防护的目的是防止地表水流的冲刷、坡面岩土的风化剥落以及维持路基与环境的协调。近年来，随着国家对环境保护的重视，高等级公路的边坡多采用种草的方式进行防护，边坡较高时采用砌石框格种草的方式进行防护。

冲刷防护。为使沿河路基边坡免受冲刷，多采用直接防护方式。例如，用高强土工格栅代替铁丝做石笼，用聚酯或聚氨酯类土工织物混凝土护坡模袋做成护面板，防护受水冲浪击的边坡，避免土体出现不均匀沉降。

支挡防护。目前，挡土墙的支挡防护效果较好，应用较为广泛。石砌的重力式挡土墙多用于石料丰富、墙高较低、地基较好的场合；钢筋混凝土结构的悬臂式挡土墙、扶壁式挡土墙和板柱挡土墙其受力比较合理，墙身圬工体积小，也已广泛应用于公路路基的防护。垛式挡土墙易于调整墙的高度，并采用预制构件拼装，是一种特殊形式的挡土墙。

二、路基冬季施工

（一）冬季可进行和严禁进行的路基施工项目

1. 冬季可进行的路基工程项目

岩石地段的路堑或半挖半填地段的开挖作业；含水量高的流动土质、流沙地段的路堑开挖；软基地带冻结到一定深度后，可趁冬季挖去原地面的软土、淤泥层，换填合格的其他填料；沿流水地段利用冬季水位低，开挖基坑修建防护工程。施工前提是加强保温措施，注意养护。

2. 不宜冬季进行的路基工程项目

高速公路、一级公路的土路基和地质不良的二级路以下公路路堤；路基边坡尤其是土质边坡的修整；原始地面的清表工作、填方路段台阶的挖掘；地势低洼，处在气温回升将被水淹的填土路基。

（二）编制冬季路基施工方案

进行冬季施工的工程项目，在入冬前应组织专人编制冬季施工方案。冬季施工方案应包括：施工程序，施工方法，现场布置，设备、材料、能源、工具的供应计划，安全防火措施，测温制度，质量检查制度等。

（三）路基冬季施工安全管理

施工现场安全最重要，应当始终把安全放在第一位。路基冬季施工应遵守安全法规和规程，组建冬季施工安全领导小组，建立安全消防保证体系，并结合如下内容进行安全管理。

1.冬季施工安全教育

第一，定期对全体职工进行技术安全教育，结合工程任务在冬季施工前做好安全技术交底，配备好安全防护用品。

第二，对工人进行安全操作规程的教育，尤其是对没有从事过冬季施工的人员要加大安全教育的力度。

第三，特殊工种（包括电气、架子、起重、锅炉、机械、车辆等工种）须经有关部门专业培训，考核发证后方可操作。

2.施工机械设备冬季防寒、防冻措施

第一，在进入冬季前对所有施工机械设备进行全面的维修和保养，做好油水管理工作，结合机械设备的换季保养，及时更换相应品牌的防冻液，防冻液必须符合当地的防冻要求。

第二，各种运输车辆要根据环境、气温选择相应的燃油型号，冷车起步时，要先低速运行一段路程，再逐步提高车速。

第三，冬季运输车辆启动发动机前，严禁用明火对既有燃油系统进行预热，以防止发生火灾。

第四，冰雪天行车，汽车要设置防滑链，司机在出车前检查确认车辆的制动装置是否达到良好状态，不能满足要求时不得出车，风、大雪、大雾等不良气候时车辆停止运行。

第五，严格执行定机定人制度，施工班组机械保管人员要坚守岗位，看管好设备，并做好相应记录。

（四）路基土石方作业技术

1.路基冬季施工措施

第一，在路基冬季施工前应进行一些准备工作，对冬季施工项目按次排队，编制实施性的施工组织计划。

第二，冬季施工项目在冰冻前应进行现场放样，保护好控制桩并树立明显的标志，防止被冰雪淹埋。

第三，冰冻前应挖好坡地上填方的台阶，清除石方挖方的表面覆盖层、裸露岩体。

第四，维修保养冬季施工需用的车辆、机具设备，充分备足冬季施工期间的工程材料。

第五，准备施工队伍的生活设施、取暖照明设备、燃料和其他越冬所需的物质。

2. 冬季填筑路堤

第一，冬季填筑路堤应横断面全宽平填，每层松铺厚度应按正常施工减少 20%~25%，且最大松铺厚度不得超过 30 cm。压实度不得低于正常施工时的要求。

第二，冬季施工的路基填料，应选用未冻结的砂类土，碎、卵石土，开挖石方的石块石渣等透水性良好的土，禁用含水量过大的黏性土。

第三，应随挖、随运、随填、随压实，不得中断施工，保证开挖、运填周转时间小于土的冻结时间。

第四，对取土场、路堤的外露土层用松土或草袋覆盖。

第五，挖填方交界处，填土低于 1 m 的路堤不在冬季填筑，涵洞的基坑及洞顶的填土，选用沙砾等透水材料分层压实，填到洞顶 1 m 以上，方可随路堤一齐填筑。桥头路堤、锥坡填心都选用沙砾等透水材料，分层夯填密实。

第六，取土坑远离填方坡脚，如条件限制需在路堤附近取土时，取土坑内侧到填方坡脚的距离，不得小于正常施工护坡道的 1.5 倍。

第七，冬季施工填筑的路堤，每层每侧都超填 30 cm~50 cm 的宽度，待正常施工时修整边坡，削去多余部分，并拍打密实或加固。

第八，每日施工前，应清除表面冰雪及冻结的土层。

3. 冬季路堑开挖

第一，路堑开挖应连续作业，分层开挖，中间停顿时间较长时，应在表面覆盖保温层，避免土层重复被冻。

第二，开挖冻土根据冻土深度、机械设备情况，采用人工破碎或冲击机械、正铲挖掘机等方式开挖。冻土层较厚时用爆破法破碎。

第三，挖方边坡不应一次挖到设计线，应预留 30 cm 厚台阶，待到正常施工季节再削去预留台阶，整修到设计边坡。

第四，路堑挖至路床面以上 1 m 时，在挖好临时排水沟后，应停止开挖并在上面覆以松土，待温度回升正常施工时，再挖去多余部分。

第五，冬季开挖路堑必须从上向下开挖，严禁从下向上掏空挖。

第六，每日开工时，先挖向阳处，气温回升后再挖背阴处。如开挖时遇地下水源，应及时挖沟排水。

第七，冬季施工开挖路堑的弃土应远离路堑边坡堆放。弃土堆高度不大于 3 m，弃土堆坡脚到路堑边坡顶的距离不小于 3 m，并与深路堑或松软地带保持 5 m 以上。应将弃土堆摊开整平，严禁将弃土堆于路堑边坡顶上。

4. 冬季砌体施工

冬季进行砌体施工，受气温的影响，使得施工方必须在材料和施工工艺上采用与常温施工不一样的技术。

材料要求：①砌块应干净，无冰霜附着，遇水浸泡后受冻的砌块不能使用。沙中不得含有冰块或冻结团块。②冬季施工的砌筑砂浆必须保持正温，砂浆与石材表面的温度差不宜超过 20℃。石灰膏不宜受冻，如有冻结，应融化并重新拌和后方可使用，但因受冻而脱水的石灰膏不得再次使用。③冬季砌筑砌体，只准使用砂浆或水泥石灰砂浆，不准使用无水泥配制的砂浆。砂浆宜采用普通硅酸盐水泥拌制，砂浆应随拌随用，搅拌时间应比常温时增加 0.5~1 倍，砌石砂浆的稠度要求 40 mm~60 mm。

冬季施工前后气温突然降低时，正在施工的砌体工程应采取下列措施：①加热拌和砂浆的材料，水温不得超过 80℃，沙子不得超过 40℃，使砂浆温度不低于 20℃。②拌制砂浆的速度与砌筑进度密切配合，随拌随用。③砌完部分用保温材料覆盖表面，气温低于 5℃时不能洒水养护。为加速砂浆硬化，缩短保温时间，可在水泥砂浆中掺加氯化钙等早强剂，其掺量通过试验确定。

（五）冬季路基施工环保措施

与常温施工一样，冬季施工应当推行规范化、标准化施工，做到环保施工、文明施工，保持优良信誉，树立企业形象。

第一，避免噪声干扰和环境污染，各种材料、机械设备存放整齐，施工现场清洁整齐，井然有序。

第二，冬季施工中产生的废料，要选择合适的地点深埋或采取其他有效的措施进行处理，尽量减少对周围环境的影响和破坏。施工废水、生活污水不得污染水源、耕地、农田、灌溉渠道。清洗集料、机具或含有油污的操作用水，应采用过滤的方法或沉淀池处理，将生态环境受损程度降到最低。

第三，在影响群众正常生产生活的地方，修建必要的临时设施。危险地段设置足够的照明、护栏、围栏、警告牌等设施，以确保公众的安全与方便。

综上所述，冬季施工时因地制宜地确定经济合理的施工方案和制定切实可行的技术措施，不仅能保证施工质量，还能充分利用冬季这段时间达到节约工期、扩大经济效益的目的，这是施工中值得把握的重要环节。

第二节　公路路面施工

路面工程包含路面基层（底基层）施工技术，沥青路面施工技术，水泥混凝土路面施工技术，路面防、排水施工技术，特殊沥青混凝土路面施工技术，路面试验检测技术等。

一、路面基层施工技术

（一）粒料基层（底基层）

粒料基层（底基层）包括嵌锁型和级配型两种。嵌锁型包括泥结碎石、泥灰结碎石、填隙碎石等，其中填隙碎石可用于各等级公路的底基层和二级以下公路的路基。级配型包括级配碎石、级配砾石、符合级配的天然沙砾、部分砾石经轧制掺配而成的级配砾、碎石等，其中级配碎石可用于各级公路的基层和底基层；级配砾石、级配碎砾石以及符合级配、塑性指数等技术要求的天然沙砾，可适用于轻交通的二级和二级以下公路的基层以及各级公路的底基层。

1. 对原材料的技术要求

第一，填隙碎石的单层铺筑厚度宜为 10 cm~12 cm，最大粒径宜为厚度的 0.5~0.7 倍。用作基层时，最大粒径不应超过 53 mm；用作底基层时，最大粒径不应超过 63 mm。填隙料可用石屑或最大粒径小于 10 mm 的沙砾料或粗沙，主骨料和填隙料的颗粒组成可参照有关规范的规定。

第二，级配碎石宜用几种粒径不同的碎石和石屑掺配拌制而成，其粒料的级配组成应符合相应试验规程的要求，且级配应接近圆，符合圆滑曲线。级配碎石用作基层时，其压实度不应小于 98%；用作底基层时，其压实度不应小于 96%。

第三，天然沙砾用作基层或底基层，其颗粒组成应符合相应试验规程的要求，且级配宜接近圆滑曲线。

2. 填隙碎石施工

备料：根据基层的宽度、厚度及松铺系数，计算粗碎石用量。填隙料用量约为粗碎石用量的 30%~40%。

运输粗碎石：由远到近，将粗碎石按规范计算的距离卸置于下承层上。卸料距离应严格按照规定执行。

摊铺：用平地机或其他合适的机具将粗碎石均匀地摊铺在预定的宽度上，表面应力求平整，并有规定的路拱，且应同时摊铺路肩用料。

3. 撒铺填隙料和碾压

干法施工：主要内容为初压、撒铺填隙料、碾压、再次撒布填隙料、再次碾压、填隙等。其中碾压为用振动压路机慢速碾压，将全部填隙料振入粗碎石间的孔隙中；再次碾压是用振动压路机按前述进行碾压；再次碾压后，表面必须能看得见粗碎石。如填隙碎石层上为薄沥青面层，应使粗碎石的棱角外露 3 mm~5 mm；当需分层填筑时，应将已压成的填隙碎石层表面粗碎石外露 5 mm~10 mm，然后在上摊铺第二层粗碎石；填隙碎石表面孔隙全部填满后，用 12 t~15 t 三轮压路机再碾压 1~2 遍。在碾压过程中，不应有任何蠕动现象。在碾压之前，宜在表面先洒少量水。

湿法施工：开始工序与干法施工要求相同。粗石层表面孔隙全部填满后，首先，用洒水车洒水，直到饱和，但应注意避免多余水浸泡下承层。其次，用12 t~15 t三轮压路机跟在洒水车后进行碾压。再次，干燥，即碾压完成的路段应让水分蒸发一段时间。最后，当需分层铺筑时，应待结构层变干后，将已压成的填隙碎石层表面的填隙料扫除一些，使表面粗碎石外露5 mm~10 mm，然后在上摊铺第二层粗碎石。

（二）无机结合料稳定基层施工

1. 无机结合料稳定类基层分类及适用范围

（1）水泥稳定土

适用范围：各级公路的基层和底基层，但水泥稳定细粒土不能用作二级和二级以上公路高级路面的基层。

（2）石灰稳定土

适用范围：各级公路的底基层，以及二级和二级以下公路的基层，但石灰土不得用作二级公路的基层和二级以下公路高级路面的基层。

（3）石灰工业废渣稳定土

适用范围：各级公路的基层和底基层，但二灰、二灰土和二灰砂不应做二级和二级以上公路高级路面的基层。

2. 对原材料的具体技术要求

水泥：初凝时间3 h以上和终凝时间较长（6 h以上）的水泥。

石灰：应符合Ⅲ级以上消石灰（氢氧化钙）或生石灰（氧化钙）的技术指标。应检验石灰的有效钙和氧化镁含量。

粉煤灰：粉煤灰中SiO_2（二氧化硅）、Al_2O_3（氧化铝）和Fe_2O_3（氧化铁）的总含量应大于70%，烧失量不宜大于20%。

集料：集料应符合压碎值及级配要求。

采用水泥稳定碎石土、砾石土或含泥量大的沙、沙砾时，宜掺入一定剂量石灰进行综合稳定。当水泥用量占结合料总量的30%以上时，应按水泥稳定类进行设计，否则按石灰稳定类设计。水泥剂量应通过配合比设计试验确定。当水泥稳定中、粗粒土做基层时，应控制水泥剂量不超过6%。

水泥稳定粒径均匀且不含或细料很少的沙砾、碎石以及不含土的沙时，宜在集料中添加20%~40%的粉煤灰或添加剂量为10%~12%的石灰土进行综合稳定。

二、沥青路面施工技术

（一）施工前期准备工作

1. 沥青透层

施工前应再次对基层进行全面检查，严格把关，以防质量隐患。采用沥青洒布车自动洒布，洒布沥青用量 0.8 kg/m²~1 kg/m²，洒布后立即撒布 3 mm~8 mm 集料，其用量为 1 m³/1 km²，并用 6 t~8 t 的钢轮压路机碾压 1~2 遍。具体施工时先做试验路，待施工工艺熟练，沥青用量确定并经监理工程师同意后正式施工。

洒布车的行驶速度及喷嘴的高低、角度均由试验确定，并报监理工程师审批。施工时要防止沥青污染构造物，施工时应注意保护侧平石、人行道板，以免影响公路的美观，封层施工后尽量减少车辆通行。

2. 试验段

沥青路面正式施工前，应选定一段合适的地段做试验路，试验路的施工分试拌和试铺两个阶段，试验的内容主要有以下几个方面：①根据沥青路面各种施工机械相匹配的原则，确定合理的施工机械、机械数量及组合方式。②通过试铺确定摊铺机的摊铺温度、摊铺速度、摊铺宽度、自动找平方式等操作工艺；确定压路机的压实顺序、碾压温度、碾压速度及碾压遍数等压实工艺；确定松铺系数、接缝方法等。③验证沥青混合料配合比设计结果，提出生产用的矿料配合比和沥青用量。④用钻孔法及核子密度仪法，测定密实度的对比关系，确定各种沥青混凝土压实标准密度。⑤确定施工产量及作业段的长度，制订施工计划。⑥全面检查材料及施工质量。⑦确定施工组织及管理体系。

在试验路段的铺筑过程中，认真做好记录分析，主动接受监理工程师或工程质量监督部门监督、检查试验段的施工质量，确定有关成果。铺筑结束后，及时就各项试验内容提出试验总结报告，报监理工程师审批，作为施工依据。

（二）运输与摊铺

1. 运输

安排运输车辆要保证沥青拌和场一个小时产量的运量，同时保证摊铺机前始终有车辆在排队等候卸料。

运送沥青混合料车辆的车厢底板面及侧板必须清洁，不得沾有有机物质。为防止混合料粘在车厢底板上，可涂刷一薄层油水（柴油与水为1∶3）混合液。

为了保持沥青混合料的温度，以及防止灰尘污染混合料，运料车上要覆盖篷布，并采用大型自卸车运输，运送到现场的沥青混合料温度不低于135℃。不符合温度要求或已经结成团块、已遭雨淋湿的混合料应废弃。

2. 摊铺

在进行沥青路面摊铺前，有必要再次对路面基层进行检查，把质量隐患消灭在下道工序之前。通常检查的内容有基层表面沥青封层有无损坏，平整度、横坡、宽度、高程等是否符合要求，同时在沥青混合料接触的构造物表面涂上粘层沥青。摊铺前，工程技术人员首先进行施工放样，设置找平基准线，直线段每10 m设一桩，平曲线段每5 m设一桩，把挂线专用桩打在两侧路面边缘外0.3 m~0.5 m的地方，挂线的高度即为摊铺松铺高度。分别制作上、下面层的标准垫块（设计厚度+松铺厚度），通过试验段铺筑的成功经验，确定摊铺速度、振动振捣频率、松铺系数、碾压速度、碾压遍数、路面最低碾压温度等数据。

为了提高路面平整度，摊铺速度与材料进场速度要相匹配，保证摊铺机在一个作业段内连续不断地摊铺。在施工过程中要合理地安排沥青混凝土进场计划，以防沥青混合料降温过多，造成损失。下面层摊铺采用拉钢丝走基准线的方法来控制高程、平整度和横坡，上面层采用浮动基准梁进行摊铺，确保摊铺厚度和平整度。

摊铺前，摊铺机要提前30分钟就位，将熨平板预热到120℃后，再进行摊铺，沥青混合料的摊铺温度不低于130℃。通常采用两台摊铺机组成梯队联合摊铺，两台摊铺机前后的距离一般为10 m~30 m，前后两台摊铺机轨道重叠50 mm~100 mm。当采用一台摊铺机全幅摊铺时，需进行试铺。必须确保混合料的离析程度不致影响沥青路面的质量，经监理工程师同意后方可采用。

摊铺时，不得随意变换速度或中途停顿，摊铺后的混合料，不得用人工反复修整，但出现下列情况时除外：①横断面不符合要求，构造物接头部分缺料。②摊铺带边缘局部缺料，表面明显不平整。③局部混合料明显离析，摊铺机后有明显的拖痕。

摊铺好沥青混合料后应立即碾压，如因故不能及时碾压或遇雨时，要立即停止摊铺，并做好沥青混合料的保温工作。下面层路面摊铺完成后尽快安排上面层的摊铺，如间隔时间较长，使下面层表面受到污染，摊铺上面层前应对下面层表面进行清扫，并视情况适量洒布透层沥青。

3. 碾压

碾压作业在混合料处于能获得最大密实度的温度下进行，开始碾压温度一般不低于120℃，碾压终了温度钢轮压路机不低于70℃，轮胎压路机不低于80℃，振动压路机不低于65℃。压实工作按铺筑试验路面确定的压实设备的组合和程序进行。

碾压的一般程序为初压、复压、终压三个阶段。由于该工程使用的摊铺机具有双夯锤振捣装置和机械振动装置，并可根据混合料类型和摊铺厚度调整振动频率，使摊铺后路面的预压实度达到80%以上。为此，我们采取的压实方法是用压路机紧跟着摊铺机静碾1遍、振碾2遍后，用重型轮胎压路机碾压4~6遍，然后用振动压路机振碾1遍、静碾1~2遍，并以消除轨迹为度。压实由外侧向路中心进行，相邻碾压带均应重叠一定的轮宽，压路机行走的路线来回都应是直线，每次由两端折回的位置呈梯形随摊铺机向前推进，使折回处不在同一横断面上。轮胎压路机的轮胎气压注意保持一致（不少于0.5 MPa），以防止轮胎软硬不一而影响平整度。路面温度降到70℃以下时，不能再碾压。碾压速度保持慢而均匀，一般初压速度为1.5 km/h~2 km/h，复压速度振动压路机为4 km/h~5 km/h，轮胎压路机为3.5 km/h~4.5 km/h，终压速度为2 km/h~3 km/h。在摊铺机连续摊铺时，压路机不得随意停顿。

在沿着路缘石或压路机压不到的其他地方，采用小型压实机把混合料充分压实。已经完成碾压的路面，不得修补表皮。

沥青路面的碾压方法不是一成不变的，因为压实质量与压实温度有直接关系，而摊铺后混合料温度是在不断变化的，特别是摊铺后4~15分钟内，温度损失最大。因此，必须掌握有效压实时间，适时碾压，并根据摊铺厚度、自然条件，及时调整碾压方法，确保压实质量。

4. 接缝

横向接缝处理得好坏，直接影响沥青路面是否平整和行车是否舒适。铺筑时应尽量把横向接缝设在构造物的连接处，如果无法避免，在施工结束时，摊铺机可在接近端部前约1 m处将熨平板稍稍抬起驶离现场，用人工将端部混合料铲齐,再予碾压。然后用三米直尺检查平整度,趁尚未冷却,垂直切除端部厚层不足的部分,使下次施工时成直角连接。重新摊铺前,应用三米直尺仔细检查端部平整度,当不符合要求时应予清除。符合要求后,在垂直面上涂上粘层沥青,摊铺时调整好预留高度,摊铺后及时进行碾压。碾压时先用钢轮压路机进行横向碾压,碾压带的外侧应放置供压路机行驶的垫木,使压路机位于已压实的混合料层上,碾压新铺层的宽度为 15 cm。然后每压一遍向新铺混合料移动 15 cm~20 cm,直至全部压在新铺层上,再改为纵向碾压。接缝处施工后,再用三米直尺检查平整度,当有不符合要求之处应趁混合料尚未冷却及时处理,以保证横向接缝处的路面平整度。另外应注意相邻两幅或上下层的横向接缝均要错位 1 m 以上。

5. 质量控制

在摊铺过程中,要时刻注意检验外观,发现情况及时处理。确保表面平整密实,边线整齐,无泛油、松散、裂缝、啃边和粗细集料集中等现象,表面无明显轨迹,横缝紧密、平顺,面层与路缘石及其他构筑物衔接平顺,无积水现象。

三、水泥混凝土路面施工技术

(一)施工放样

施工前根据设计要求利用水稳层施工时设置的临时桩点进行测量放样,确定板块位置,做好板块划分,并进行定位控制;在车行道各转角点位置设控制桩,以便随时检查、复测。

(二)支模

根据混凝土板纵横高程进行支模,模板采用相对应的高钢模板。由于是在水泥稳定碎石层上支模,为便于操作,可先用电锤在水泥稳定碎石层上钻孔,孔眼直径与深度略小于支撑钢筋及支撑深度。支模前根据纵横缝传力杆和拉力杆的设置要求,对钢模进行钻孔、编号,并严格按编号顺序支模,孔眼位置略大于设计传力杆、拉力杆直径,安装时将钢模垫至设计标高,钢模与水泥稳定碎石层间隙用细石混凝土填灌，以免漏浆。模板支好后进行标高复测，并检查是否牢固，水泥混凝土浇筑前刷脱模剂。

（三）混凝土搅拌、运输

采用现场集中搅拌混凝土，提前按照设计要求进行试验配合比设计，要求搅拌时严格按试验室提供的配合比准确下料。混凝土采用混凝土运输车运送。

（四）钢筋制作安放

钢筋统一在场外按设计要求加工制作后运至现场，在水泥混凝土浇筑前安放。

1. 自由板边缘钢筋安放

离板边缘不少于 5 cm，用预制混凝土垫块垫托，垫块厚度为 4 cm，垫块间距不大于 80 cm，两根钢筋安放间距不小于 10 cm。在浇筑混凝土过程中，钢筋中间保持平直，不变形挠曲，并防止移位。

2. 角隅钢筋安放

在混凝土浇筑振实至与设计厚度差 5 cm 时安放，距胀缝和板边缘的距离各为 10 cm，平铺就位后继续浇筑、振捣上部混凝土。

检查井、雨水口防裂钢筋安放同自由板边缘钢筋安放方法。

（五）混凝土摊铺、振捣

钢筋安放就位后，便可以进行混凝土摊铺。摊铺前刷脱模剂，保护摊铺时钢筋不产生移动或错位。即在混凝土铺筑到厚度一半后，先采用平板式振动器振捣一遍，等初步整平后再用平板式振动器振捣一遍。振捣时，振捣器沿纵向一行一行地由路边向路中移动，每次移动平板时，前后位置的搭头重叠面长度为 20 cm 左右（约为 1/3 平板宽度），不漏振。振动器在每一位置的振动时间一般为 15 s~25 s，不得过久，以振至混凝土混合料泛浆、不明显下降、不冒气泡、表面均匀为度。凡振不到的地方，如模板边缘、进水口附近等，均改用插入式振动器振捣，振动时将振动棒垂直上下缓慢抽动，每次移动间距不大于作用半径的 1.5 倍。插入式振动器与模板的间距一般为 10 cm 左右。插入式振动器不在传力杆上振捣，以免损坏邻板边缘混凝土。经平板振动器整平后的混凝土表面，基本平整，无明显的凹凸痕迹。然后用振动夯样板振实、整平。振动夯样板在振捣时，其两端搁在两侧纵向模板上，或搁在已浇好的两侧水泥板上，作为控制路面标高的依据，自一端向另一端依次振动两遍。

（六）抹面与压纹

混凝土板振捣后，先用抹光机对混凝土面进行抹光，然后用人工对混凝土面进行抹光，最后一次要求细致，消灭砂眼，使混凝土板面符合平整度要求。抹光后沿横坡方向轻轻拉毛，以扫平痕迹，后用压纹机进行混凝土面压纹。为保证压痕深度均匀，应控制好压纹作业时间，压纹时根据压纹机的尺寸，用角铁做靠尺，以靠尺不下陷、不玷污路面为原则。施工中要经常对靠尺的直顺度进行检查，发现偏差时及时更换。

（七）拆模

拆模时小心谨慎，勿用大锤敲打，以免碰伤边角。拆模时间掌握在混凝土终凝后 36~48 h 以内，以避免过早拆模损坏混凝土边角。

（八）胀缝

采用 2 cm 厚的沥青木板作为胀缝板，胀缝板两侧各刷 1 mm~2 mm 沥青后，埋入路面，板高与路面高度一致。在填灌沥青玛碲脂前，应将其上部刻除 4 cm~5 cm，再灌沥青玛蹄脂。

（九）切缝

缩缝采用混凝土切割机切割，深度为 5 cm，割片厚度为 3 mm。切割在拆模后进行，拆模时将已做缩缝位置标在水泥混凝土块上，如果横向缩缝（不设传力杆）位置位于检查井及雨水口位置，要重新调整缩缝位置，原则上控制在距井位 1.2 m 以上。切割前要求画线，画线时与已切割线对齐，以保证同一桩号位置的横缝直顺美观。切割时要均匀用力，做到深度一致。

（十）灌缝

胀缝、缩缝均灌注沥青胶泥，灌注前将缝内灰尘、杂物等清洗干净，待缝内完全干燥后再灌注。

（十一）养护

待公路混凝土终凝，再进行覆盖草袋、洒水养护。养护期间不堆放重物，行人及车辆不在混凝土路面上通行。

四、路面防、排水施工技术

（一）边沟施工

边沟是常见的排水设施形式，其中，暗埋式边沟是边沟排水中应用得较为广泛的一种排水形式。暗埋式边沟的盖板分为两种形式。一种为全部带雨水篦口的明盖板，另一种为部分带雨水篦口的暗盖板。对于全部带雨水篦口的明盖板，施工时要码放，不用勾缝，这样做便于后期养护清淤，同时盖板应根据相应规范配置适量的钢筋。为了后期的整体美观，施工时应注意控制盖板的质量和外观。对于部分带雨水篦口的暗盖板，施工时要求比较严格，如必须将沟底彻底清理干净。为了防止暗埋式边沟的堵塞，在施工时应在盖板上包裹反滤土工布。这种边沟形式安装后要进行勾缝处理，最终为全封闭式的盖板，不允许有任何泥沙等杂物进入边沟，在后期不用进行定期清淤。另外，应避免因车辆等载荷的加入导致盖板断裂，从而提高边沟的使用寿命。总的来说，边沟是一种设置在挖方路基的路肩外侧或低路堤路基的坡脚外侧的，用以汇集和排除路基范围内和流向路基的小量地面水的沟槽，是一种常见的路基表面排水设施。

公路路基边沟十分常见，如挖方地段设置的土质梯形边沟、填方路段设置的土质梯形边沟和矮路堤段处设置的土质三角形边沟等。如果施工场地较狭窄，不便于机械化施工时也可采用石砌边沟。石砌的路堑地段边沟常做成矩形状，特殊情况，如多雨雪积沙路段宜做成流线型，便于排泄。不同的边沟形式有各自的施工尺寸，如三角形边沟内侧边坡的比例为1:2~1:3，外侧边坡通常与挖方边坡一致；梯形边沟内侧边坡的比例一般为1:1~1:1.5，外侧边坡与路堑边坡相同，有碎落台时外侧边坡与内侧相同。边沟的深度和宽度一般不应小于 0.4 m，干旱地区和分水点可采用 0.3 m，高速公路和一级公路的边沟断面应大些，其深度和底宽可采用 0.8 m~1.0 m。为了及时将边沟中的水排至路基范围之外，应结合具体的实际情况合理地布置排水沟，及时进行排泄。为了控制边沟的水量，使其保持合理的水平，边沟的功能一般只限于排除正常的积水，并不将边沟作为其他设施，如用作沟渠。边坡的沟底纵坡与路线纵坡相同，不宜小于 0.2%，以免水流阻滞、淤塞边沟。当沟底纵坡大于 3% 时，应对边坡进行加固；当纵坡超过 6% 时，水流速度大而冲刷严重，可采用跌水或急流槽的形式缓冲水流。

（二）排水沟施工

排水沟也是较为常见和必要的排水设施，主要作用为将汇集于边沟中的水流从路基排至路基范围以外的低洼地带，以免水对路基造成损害。排水沟的线型要平顺，便于排水，故多采用直线型。水沟因不能避免的原因而进行转弯时，可设置半径不小于 10 m 的圆弧形，但这对排水沟的长度有一定的要求，太长不便于将水及时迅速地排出，所以一般不应超过 500 m，需要根据实际情况选择适宜的长度。排水沟可减少涵洞的数量，如可以用排水沟合并沟渠。为了顺利地将排水沟中的水排入沟渠并不影响原水道的工作，如使原水道产生冲刷或淤积等，常将排水沟与沟渠的交角设置为不大于 45° 的锐角。

（三）截水沟施工

截水沟是路堑边坡地段常见的一种路面排水设施，其主要作用是拦截来自山体的雨水等地面水，减少流入路基的流水，以免对路基造成损害。截水沟的断面形状多为梯形状，根据当地实际的水流量来确定截水沟的深度，一般为 0.5 m 左右，截水沟底宽也不应小于 0.5 m。排水沟的坡度根据具体的土体性质进行确定，一般为 1∶1~1∶1.5。截水沟的位置常设置在边坡坡顶以上，与水流方向垂直，目的是截断上方流向路基的水流，防止水流过大导致挖方边坡和路堤坡脚受到侵蚀，同时减缓边沟和排水沟的泄水负担。截水沟距离路堑边坡坡顶的距离因具体土体性质的不同而不同，以不影响路堑边坡稳定为原则，一般取 5 m 左右。

除了路堑边坡顶部常设置截水沟外，山坡路堤上也常设置截水沟，其位置应设置在距离路堑边坡顶部2m左右处。在截水沟与路堤之间应修筑横向坡度为2%并向截水沟倾斜的护坡道，以使积水流向截水沟。为了使截水沟充分发挥防止流水侵害路基和边坡的作用，应对截水沟的质量进行严格控制，保证其防渗和美观的功能。当然对于一些特殊地质段，如松软土质或透水性强的岩石路段，应严格控制截水沟的沟底或出水口部位的施工质量，采取加固措施防止渗漏和冲刷沟壁或沟底，确保水流不至于渗入基底和边坡。根据具体情况，若当地的地形较为复杂，不便于将截水沟引入自然沟或边沟时，就应综合各方因素全面考虑，如加设急流槽或涵洞等，将流水引入路基不受影响的范围。

（四）跌水与急流槽施工

地形地质比较陡峭的地方常常设置跌水与急流槽，其主要目的是减缓水流的速度和削减水的能量。急流槽设置在比较陡峭的坡度上，由于落差较大，短时间内能够迅速降低水的流速和能量。常见的跌水和急流槽均是采用浆砌圬工砌筑的，其坡度一般与地面的坡度相协调。跌水和急流槽的台阶是比较重要的结构，通过水对台阶的冲击，可使能量转换，从而达到减缓的目的。而台阶的阶数因坡度而定，每阶的高度也应由具体地形地质而定。因此，在通常情况下，地形险峻的山岭地区和重丘区，排水沟渠的纵坡就会相对较陡，水流湍急，因而冲刷力大。为了减小流速，在施工中一般采用跌水或急流槽。

第三节　高速公路绿化景观施工

高速公路绿化工程是体现高速公路服务质量、服务水平的一个重要指标，其对提升高速公路在人们心中的地位，乃至相关区域的吸引力和经济增长都发挥着巨大作用。在这种发展形势下，对高速公路绿化工程展开系统的研究显得十分必要和迫切。

高速公路绿化工程包括自然绿化工程和人为绿化工程。其中自然绿化工程指天然形成的地形、地貌和地物，如大海、平原、山区、草原、森林等绿化工程。人为绿化工程是指人类为满足物质和精神生活的需求，重视生态建设的理念，与周边原有生态相融合而构建的绿化工程。

一、高速公路绿化工程的作用

高速公路绿化工程作为公路建设的一个重要组成部分，对于提高交通安全性和舒适性，缓解公路施工给沿线地区带来的不良影响，保护自然环境和改善生态环境等，都具有极其重要的意义。

高速公路绿化工程能对公路起到保护作用，树木或草坪通过树冠、根系、植被覆盖等可以固着土壤、涵养水源、阻止或减少地表径流、降低雨水冲刷路基的危害。在高填方路段，这种作用更加明显。绿化后的环境将比露天地区气温低5~6℃，湿度较大，且变化缓慢，可以造成特殊的"小气候"，这样可以调节路面温度与湿度，对防止路面老化起到一定的作用。

高速公路绿化工程可以改善交通条件，为高速行车提供保障。通过视线诱导来指示驾驶员道路前进的方向。尤其是在竖曲线顶部和弯道等路线走向不明的地段，可以使路线走向变得十分明显，有利于驾驶员的安全行车。在车辆驶入光线很差的隧道中时，由于人的眼睛不能立即适应明暗的变化，往往会存在短暂的视觉障碍，因此在隧道两侧种植一些树木，利用树荫来调节隧道内外的明暗强度，对行车安全十分有利。

高速公路绿化工程可以美化路容、改善环境，使旅途变得更加舒适。当公路沿线有四季常青的树木以及点缀其间的各种花草人工造景时，可以带给人们赏心悦目的感觉，有益于人们的身心健康。

二、铺设表土

（一）一般规定

表土应为符合要求的种植土；铺设表土平整，厚度、排水应符合设计要求。

（二）施工准备

施工前应调查土源和土质，土质应为符合要求的种植土。土质条件差可采取相应的消毒、施肥和客土等措施改良土质，以满足种植要求；铺设表土平整，厚度、排水应符合设计要求。

施工前应调查边坡坡度和铺筑厚度，了解设计种植物种。

（三）施工要点

施工单位应确定挖取的表土以及恢复该地区的安排，采集地在用地界外应经有关机构批准。

地表面的准备：①覆盖表土范围的地表面，应进行深翻将土块打碎，使其成为均匀的种植土，不能打碎的土块、大于 25 mm 的砾石、树根、树桩和其他垃圾应清除，并运到监理工程师同意的地点废弃。②通过翻松、加填或挖除以保持地表面的平整。

铺设：①准备工作完成后，应即铺设表土，当表土过分潮湿或不利于铺设时，不应进行铺设，除非另有规定。表土铺设完成后，其表面标高应比路缘石、集水井、人行道、车行道或其他类似结构低 25 mm。②表土铺设达到要求厚度后，其完成的工程应符合图纸所要求的线形、坡度、边坡。③铺设后，施工单位应用机具将表土滚压，并形成至少深 50 mm 的纵向沟槽，全部铺设面积应具有均匀间隔的沟槽，其方向宜垂直于天然水流，以利于排水，但图纸另有要求者除外。

（四）质量要求

表土应为松散的、具有透水作用并含有有机物质的土壤，能助长植物生长，不应含有盐、碱土，且无有害物质以及长度大于 25 mm 的石块、棍棒、垃圾等。

三、铺植草皮

（一）一般规定

草皮应为符合设计要求的品种，整体图案美观；草皮应无枯黄、无明显病虫害、无连续空白。

（二）施工准备

施工前应全面了解铺植草皮品种；施工前做好铺植草皮机具和材料的准备工作；施工前应做好液压喷播植草的技术交底工作。

（三）施工要点

1. 选择草皮

应选择适合于当地气候条件、易于生长，同时具有耐旱、耐涝、容易生长、蔓面大、根部发达、茎低矮强壮和多年生长等特性的草种。

2. 场地准备

施工单位应按绿化工程布置的图纸标出种植地段、种植位置及品种轮廓，进行放样。

种植场地应修整到设计的线形和坡度，并具有舒顺的外形，清除场地中所有大土块、石块、硬土及其他杂物和不适于种植的材料，处理好的表土和底土应分开。

在铺植时，先在场地内铺设 30 mm 厚的符合要求的表土。

3. 草皮验收

施工单位应在铺植工作前提供有关草皮供应来源的全部资料以及必要的全部检疫证明。草皮应符合设计要求，并符合现行关于植物检疫危险性病、虫、杂草的检疫处理原则和要求。

4. 草皮铺植

在铺植地表的准备工作完成以后，可铺植草皮。铺草皮时，除平铺外，在边坡较高较陡之处也可铺植，即自坡脚处向上钉铺，用小尖木桩或竹签将草皮钉固于边坡上。铺植的形式则需要按图纸要求。

5. 草皮养护

铺植后应进行喷灌浇水养护，并对草皮进行拍打。养护初期应让草皮保持湿润状态，根据天气情况控制浇水量，结合浇水进行病虫害的防治和生长期追肥，使其顺利进入生长旺盛期。在草皮成坪、苗木生长正常后（大约三个月）逐渐减少浇水次数，锻炼植物的适应能力，但在一年内尤其在旱季要视天气情况对其进行定期护理，使草皮逐步进入自然生长状态。

（四）质量要求

绿地草坪应符合设计要求，整体图案美观；草坪应无杂草、无枯黄、无明显病虫害，无连续 0.5 m^2 以上空白面积；草坪应整洁，表面应平整，微地形整理应符合设计要求，不应有明显集水区；草坪成活率应 ≥ 95%；如果有绿化喷灌设施应能正常运转。

四、液压喷草

（一）一般规定

坡面绿化符合设计要求，保证草（灌）成活率，分布均匀，整体效果美观。

（二）施工准备

施工前应全面了解铺植草皮品种；施工前应做好液压喷草机具和材料的准备；施工前应做好液压喷草的技术交底工作。

（三）施工要点

1. 坡面检验及修整

对于一般坡面应进行常规处理：刷除多余土方、平整竖向冲沟、耙松光滑坡面表土。对于坡率大于 1：1 的陡坡坡面进行特殊处理：沿等高线开挖凹槽、植草沟或蜂窝状浅坑。

2. 搅拌混合

将设计要求的混生互补的草（灌）种与肥料、黏合剂、保水剂、内覆纤维材料、色素及水等按规定比例放入混料罐内，通过搅拌器将混合液搅拌至全悬浮状。

3. 机械喷播

采用机具进行喷播植生，在喷播施工过程中，喷枪应左右各偏 45°~60°，以全扇面或半扇面沿喷播路线依次按最佳着地点（在射液抛物线最高点后 1 m~3 m 范围内）要求实施喷播，并注意左右扇面搭接。喷播施工时应注意风向，应避免逆风喷播，大风、大雨应停止喷播施工。

4. 铺设无纺布

完成喷播植生施工后，应及时铺设外层覆盖材料——无纺布，采用单层 14 g/m² 规格或双层 10 g/m² 规格的无纺布。无纺布铺设后，应采用 U 型钉或竹签及时固定，风口处还应在其上下压土（石）、中部拉绳加固。覆盖的无纺布待苗出齐后（幼苗植株长到 5 cm~6 cm 或 2~3 片叶时）揭除。

5. 养护管理

植物喷播完毕，应在草种发芽、成坪期和苗木恢复生根期进行养护工作，在这个时期每天保持基质层湿润，根据天气情况控制浇水量，结合浇水进行病虫害的防治和生长期追肥，使其顺利进入生长旺盛期。在草苗成坪、苗木生长正常后（大约三个月后）逐渐减少浇水次数，锻炼植物的适应能力。但在一年内，尤其在旱季，要视天气情况对其进行定期护理，使其逐步进入自然生长状态。

6. 补充栽种草、灌木

为高速公路上边坡草灌结合，恢复边坡生态，若确有客观原因导致喷播后草、灌木成活率及生长情况不符合设计要求时，应在适当的季节，根据附近自然植被生长情况和播种、灌木生长情况，按设计要求在施工坡面补喷草种或挖坑栽种灌木并进行养护，确保边坡植被恢复长期景观效果。

（四）质量要求

选择适合当地气候条件、易于生长的草（灌）种,同时应试验混合草（灌）种的萌芽情况，其纯度和萌发率均应达到 90% 以上。

各种草（灌）种、肥料、黏合剂、保水剂要严格按设计要求参配。

坡面应无杂草、无枯黄、无明显病虫害，草灌成活率应 ≥ 95%。

五、客土喷草

（一）一般规定

坡面绿化符合设计要求，草灌成活，分布均匀，整体效果美观。

（二）施工准备

施工前应全面了解客土喷草品种；施工前应做好客土喷草机具和材料的准备；施工前应做好客土喷草的技术交底工作。

（三）施工要点

1. 坡面检验及修整

在岩质（硬土）坡面基材客土植生，应清理边坡上的杂物，对坡面做简易休整，边坡特别凸起的地方应削掉，如果是稳定的有景观效果的孤石，可以保留，特别凹陷的地方应用石块填补，使坡面大致平顺，另外坡顶和可视断面应一并修整，以保持整个边坡线条明畅。

2. 打设锚杆

采用设计规定的锚杆，用风钻打孔，孔偏差不大于 5 cm，锚杆采用 M30 水泥砂浆固定。

3. 铺设镀锌铁丝网

铺设镀锌铁丝网由上而下进行，铁丝网采用设计规定的镀锌铁丝网，网与网之间采用平行对接方法，不重复搭接。坡顶延伸至与原生态植被相接，开沟并用锚钉固定后回填土，搭接处按设计规定用铁丝绑扎固定。

4. 粉碎种植土

将符合要求的种植土干燥后运至加工处理场，采用粉碎机将其粉碎至粉细土状，并进行筛分，以保证最大粒径小于 10 mm。

5. 搅拌混合

种植基材加工时应严格执行设计文件提供的基材配方，将粉碎好的种植土、泥炭土、纤维、复合肥、土壤保水剂、固土剂、腐殖酸、硅酸盐类强力接合剂等原料，用搅拌机搅拌均匀备用。使用过程中应当保管好加工处理好的基材，避免雨淋，防止受潮。

6. 机械喷播客土

完成边坡挂铁丝网施工并经质量检测合格后，严格按设计要求，采用专用机械喷射种植基材。可依据不同坡面采用干喷技术或湿喷技术，基材喷射施工可分块实施，在喷射施工时，在坡面上每 100 m² 用钢筋头设置指示桩标示喷射厚度，确保种植基材厚度均匀。

7. 液压喷播植草（灌）

采用的机具进行喷播植生，在喷播施工过程中，喷枪应左右各偏 45°~60°，以全扇面或半扇面沿喷播路线依次按最佳着地点（在射液抛物线最高点后 1 m~3 m 范围内）实施喷播，并注意左右扇面搭接，喷播施工时应注意风向，应避免逆风喷播，遇到大风、大雨应停止喷播施工。

8. 铺设无纺布

及时铺设外层覆盖材料——无纺布，采用单层 14 g/m² 规格或双层 10 g/m² 规格的无纺布。无纺布铺设后，应采用 U 型钉或竹签及时固定，在风口处还应在其上下压土（石）、中部拉绳加固。待苗出齐后（幼苗植株长到 5 cm~6 cm 或 2~3 片叶时）揭除覆盖的无纺布。

9. 养护管理

植物喷播完毕，应在草种发芽、成坪期和苗木恢复生根期进行养护工作。在这几个时期，每天都需要保持基质层湿润，根据天气情况控制浇水量，并进行病虫害的防治和生长期追肥，使植物顺利进入生长旺盛期。在草苗成坪、苗木生长正常后（大约三个月后）逐渐减少浇水次数，锻炼植物的适应能力，但在一年内尤其在旱季要视天气情况对其进行定期护理，使其逐步进入自然生长状态。

（四）质量要求

选择适合当地气候条件、易于生长的草（灌）种，同时应试验混合草（灌）种的萌芽情况，其纯度和萌发率均应达到 90% 以上。

对草种、肥料、锚杆、铁丝网等原材料应加强质量控制，经常进行日常检验。各种草（灌）种、肥料、黏合剂、保水剂要严格按设计要求参配。

严格按施工工艺要求进行施工,保证锚杆数量、铁丝网的规格、基材的厚度、后期的养护管理。完成的坡面应无杂草、无枯黄、无明显病虫害。

六、乔木、灌木和攀缘植物

（一）一般规定

第一,种植植物品种宜选用适宜当地气候和地质条件的本土植物。

第二,所有植物应考虑公路沿线地区特点,选择适合当地气候条件的、易于生长的、并有丰满干枝体系和茁壮根系的植物。植物应无缺损树节、擦破树皮、受风冻伤害或其他损伤,植物外观应显示出正常健康状态,能承受对上部及根部的适当修剪,所有植物应在苗圃采集。

第三,乔木应具有挺直的树干、良好发育的枝杈,根据其自然习性对称生长。

第四,不允许采用代替品种,除非证实在承包期内的正常种植季节采集不到规定的植物。只有在经监理工程师同意后,才允许种植代替品种。

第五,各类植物应在公路所经当地的最适宜的季节进行种植,除非图纸上另有标明或监理工程师指示,土壤条件不适合种植时不应种植。

（二）施工准备

施工前应全面了解乔木、灌木和攀缘植物品种；施工前应做好乔木、灌木和攀缘植物的机具和材料的准备；施工前应做好乔木、灌木和攀缘植物的技术交底工作。

（三）施工要点

1. 植物运送

在运出植物前,应由园艺人员按起苗、调运等技术要求,将植物挖出、包扎、打捆,以备运输；任何时候,植物根系都应保持潮湿、防冻、防止过热。落叶树在裸根情况下运输时,应将根部包涂黏土浆,使根全部带有泥土,然后包装在稻草袋内。所有常青树及灌木的根部,均应连同掘出的土球用草袋包装。运到工地及种植前,这些土球应结实,草包应完好,树冠应仔细捆扎以防止枝杈折断。

植物以单株、成捆、大包或容器内装有一株或多株植物运到工地时,均应分别系有清楚的标签,标明植物名称、尺寸、树龄或其他详细资料,目的是方便鉴别植物是否符合规定。当不能对各单株植物分别标明时,标签内应说明成捆、成包以及容器内的各种规格植物的数量。

2. 储存和保护

第一,运到工地后一天内种不完的植物,应暂时进行假植,或存放在阴凉潮湿处,以防日晒风吹。

第二,裸根树种应将包打开,放在沟内,根部暂盖壅土,并保持湿润。

第三,带有土球及草袋包装的植物,应用土、稻草或其他适当材料予以保护,并保持土、稻草等潮湿,以防根系干燥。

3. 种植准备

第一,施工单位应按绿化工程布置的图纸标出种植地段、种植位置及苗木品种和规格,并进行放样,在种植之前这些布置应得到监理单位的检查认可。

第二,种植穴、槽定点放线应符合设计图纸要求,位置应准确,标记明显;种植穴定点时应标明中心点位置。

第三,种植槽应标明边线;定点标志应标明树种名称(或代号)、规格;行道树定点遇有障碍物影响株距时,应与设计单位取得联系,进行适当调整。

第四,种植地段应修整到符合监理单位指示的线形和坡度,并具有舒顺的外形。在种植中,所有大土块、石块、硬土、其他杂物和不适于种植的材料,均应由施工单位自工地移走。处理好的表土和底土应分开,并得到监理单位认可。

第五,在种植时,先在坑底松填约150 mm厚的表土。

4. 刨坑

刨坑刨槽的规格要求:刨坑刨槽位置要准确,坑径应根据根系、土球大小及土质情况而定;刨坑刨槽要直上直下成桶形,不得上大下小或上小下大,以免造成窝根或填土不实;坑径一般可比植物的根系或土球直径大0.2 m~0.3 m,具体应符合规范和设计要求;如遇土质过黏、过硬或含有如石灰、沥青等有害物质，则应适当加大坑径。

刨坑的操作：①刨坑时应以所定位置为中心，按规定坑径划一圆圈作为刨坑的范围。②挖坑时应把表土与底土分别置放，不同的土质亦应分开堆放，堆放位置以不影响栽植为宜。刨坑到规定深度后在坑底垫底土。③挖坑的坑壁要随挖随修，使其成直上直下形状，不要成锅底形。④刨坑时如发现地下管道、电缆等地下设施应停止操作，并及时向监理单位报告，请示处理办法。⑤在斜坡处挖坑应先做成一平台，平台大小应以坑径最低规格为依据，做成后再在平台上挖坑。⑥在土层干燥地区应于种植前浸穴。⑦挖穴（槽）后，应施入腐熟的有机肥作为基肥。

5. 栽植

第一，高大乔木的修剪工作应在散苗前后进行，即在栽植前进行。高度 3 m 以下无明显主尖的乔木和灌木为了保证栽后高矮一致、整齐美观，可在栽植后修剪，疏剪的剪口应与树干平齐，以免影响愈合。短截时注意留外芽，剪口距芽位置要合适，一般离芽 10 mm 左右，剪口应稍斜成马蹄形。修剪 20 mm 以上的大枝剪口应涂防腐剂，以促进愈合并防止病虫雨水侵害。

第二，栽植前要修剪露根苗的根系，将断根、劈裂根、感染病虫害根、过长的根剪去，剪口要平滑，带土球苗和灌木应将围拢其树冠的草绳剪断。

第三，栽植前应检查坑的大小，深度是否与根系、土球规格标准要求的坑径一致，不符时应修整。

第四，栽树时不得歪斜，要保持树木上下垂直，有树弯时应掌握树尖与根部在一垂直线上，行道树的树弯应在顺路的方向，与路平行。

第五，应由有经验工人，按照正常做法，进行种植和回填土，植物应垂直地栽好，比在苗圃的种植深度加深 20 mm~30 mm。种植前的乔木和灌木应经监理单位检查认可。

第六，对裸根植物，先将表土放在坑底，其松散厚度约 150 mm，随即撒布适量（视表土性质而定）有机肥，在肥料上覆盖 50 mm~100 mm 回填土层，使根系不接触肥料。随后将裸根植物放在树坑中央，以自然形态散开根系，所有折断或损坏的根系，应该截去，促使根部生长良好。

第七，在树坑四周及其上回填土后，捣固并适当压紧，当回填到根系一半深度时，将植物稍提起，随即再按每层厚 150 mm 回填土并压实。植物四周应由土围成与树坑大小相同的浅盆形凹穴（浅土盆）的蓄水池，深约 150 mm。

第八，栽行道、行列树应横平竖直，栽植时可每隔 10 株或 20 株按规定位置准确地栽上一株作为前后植树对齐的依据，然后再分别栽植。

第九，根部带有土球的植物，可按照裸根植物的处理方法一样进行处理，并将表土及肥料放在穴内。随即将乔木或灌木垂直栽在坑底放稳，栽种深度应比在苗圃时深 25 mm。回填土随即填在植物土球周围并捣实。土球上部的麻（草）袋应割开并移去，将土球上部的土松开并摊平，然后将其余回填土填下，还应做好浅土盆的蓄水池。

第十，栽植较大规格的常绿树和高大乔木时应在栽植同时埋上支柱，支柱应埋深在 0.3 m 以下。支柱要捆牢，并注意不要使支柱与树干直接接触，以免磨伤树皮。立支柱方向应在下风口。

第十一，在种植后应按图纸要求，对乔木或灌木浇水，并要浇透，半月之内，再浇透水 2~3 次。其后一般每周浇水一次，视气候情况而定，直到植物成活为止。

第十二，在中央分隔带栽植起防眩作用的树木，其高度和株距应符合图纸要求，如图纸无规定，则树高宜 1.6 m，株距宜 2.0 m。

（四）质量要求

第一，新种植的乔木、灌木、攀缘植物，在一个年生长周期满后方可验收。

第二，地被植物应在当年成活。

第三，花坛种植的一、二年生花卉及观叶植物，应在种植 15 天后验收；春季种植的宿根花卉、球根花卉，应在当年发芽出土后进行验收。秋季种植的应在第二年春季发芽出土后验收。

第四，种植应按设计图纸要求核对苗木品种、规格及种植位置。

第五，规则式种植应保持对称平衡，行道树或行列种植树木应在一条线上，相邻植株规格应合理搭配，高度、干径、树形近似。种植的树木应保持直立，不得倾斜，应注意观赏面的合理朝向。

第六，种植绿篱的株行距应均匀。树形丰满的一面应向外，按苗木高度、树干大小搭配均匀。在苗圃修剪成型的绿篱，种植时应按造型拼栽，深浅一致。

第七，种植材料的覆盖物、包装物等应及时进行清理，不得随意乱弃，避免造成环境污染。种植带土球树木时，不易腐烂的包装物应拆除。

第八，珍贵树种应采取树冠喷雾、树干保湿和树根喷布生根激素等措施。

第九，种植时，根系应舒展，填土应分层踏实，种植深度应与原种植线一致。

第十，种植胸径 50 mm 以上的乔木，应设支柱固定。支柱应牢固，绑扎树木处应用夹垫，绑扎后的树干应保持直立。

第十一，攀缘植物种植后，应根据植物生长需要进行绑扎或牵引。

第十二，绿化工程质量验收应符合下列规定：花卉种植地应无杂草、无枯黄，各种花卉生长茂盛；草坪无杂草、无枯黄；绿地整洁，表面平整；种植的植物材料的整形修剪应符合设计要求。

第十三，不同部位绿化工程质量验收标准应按相关规范执行。

第四章　桥梁工程施工

第一节　桥梁施工准备

一、准备工作对桥梁工程施工的重要性

做好桥梁工程施工前的准备工作就是为了给工程施工提供有效的物质基础以及技术条件，同时可以对施工现场进行妥善的处理，使施工人员、设备等就位。可以说，前期准备工作是确定项目管理目标、提高项目投资经济性的有效保障，也是工程顺利开展的基础。所以，在承接建筑桥梁工程后，施工企业需要及时做好相关准备工作，为工程施工提供有利的条件，确保工程施工的连续性、科学合理性，为工程的质量、成本、工期等提供保障。

二、桥梁施工准备工作的分类

根据桥梁工程施工阶段不同，可以将施工准备工作分为以下几个方面。

（一）施工准备工作

在桥梁工程开工前实施的一系列准备工作，主要任务是为工程开工提供有利条件，并提供物质、人员、设备等必要的工程施工资源。

（二）每一个施工阶段开始前的准备工作

在一个桥梁工程项目中，根据施工顺序可以分为基础施工阶段、桥墩墩身施工阶段、墩台施工阶段、盖梁施工阶段、预制梁施工阶段、桥面施工阶段等。各个施工阶段的具体工作存在很大的差异，需要的施工条件也不尽相同。所以，在每一个施工阶段开始前，都要根据施工的具体需要做好相应的准备。

由此可以看出，桥梁工程施工准备工作是随着工程施工进展而实施的，这就要求在施工准备的过程中，保证施工准备工作的连贯性。同时，还需要有计划、有目的地分步实施，确保每一个施工阶段工作的顺利开展，为工程质量、工期、安全等提供保障。

三、桥梁施工准备的具体内容

（一）施工准备

建筑桥梁施工前，具体的施工准备工作体现在以下几个方面。

1. 施工组织准备

第一，根据建筑桥梁工程的结构特点、规模、复杂程度等建立有效的施工组织机构。同时，为了方便项目管理，除了项目经理外，还需要下设一个专门的职能部门，负责具体处理人力资源、材料采购等工作。确保工程项目施工管理人员满足工程施工、管理的具体需求。

第二，建筑桥梁工程施工中会涉及多个工种，这就需要成立一个施工班组，合理地分配每个工种的比例，确保每一个班组都能发挥其应有的职能。

第三，在成立相应的组织机构后，需要根据各项分项工程施工计划，合理地安排施工人员进场，同时加强对施工人员的岗前培训，全面提升施工人员的素质。

第四，开工前需要完善施工现场的管理制度，为工程施工管理各项工作的顺利开展提供有力的依据，保证工程施工能够顺利开展。

2. 材料准备

工程施工前，需要准备好桥梁施工中所需的各种材料、设备、机械、构件等，为工程施工提供物质保证。这些物质准备必须在开工前完成，这样才能保证桥梁工程施工的连续性。桥梁工程施工前准备的物质包括木材、钢材、水泥、石料、预应力材料等，同时要根据工程实际需要做好相关构件的加工准备工作。施工机械设备也是物质准备工作中必不可少的一部分，需要根据工程施工具体情况选择合理的机型，同时准备好设备配套附件。

3. 施工现场准备

需要对桥梁工程施工现场进行全面整合，为工程施工提供有利条件。具体的施工现场准备工作包括以下几个方面。

第一，充分考虑水通、路通、电通问题，根据周边环境做好整地工作。对于一些特殊地区，还需要考虑其供暖、供热等情况。

第二，在现场进行施工机械设备的安装与调试。根据施工计划有顺序地安排设备进场，同时根据施工图纸，将施工机械设备安排到指定位置。在开工前，施工人员对每一台机械进行试运行，确保其始终处于良好的备用状态。

第三，如果工程在雨季施工，需要做好相应的防雨措施，施工企业需要加强与当地气象部门的联系，结合工程具体的施工要求，合理安排施工。

第四，做好施工现场安保、消防等工作，建立完善的施工现场安保制度、消防制度等，为桥梁工程施工提供安全保障。

（二）技术准备

桥梁工程施工前的技术准备工作内容，具体包括以下几个方面。

第一，施工人员需要对施工设计图纸进行充分了解，并加强与设计人员的沟通，了解设计人员的意图。工程施工技术人员还需要根据施工现场勘查情况，对施工图纸提出具体的意见，并与设计人员协商解决。

第二，对桥梁工程原始资料进行进一步调查。工程设计资料中虽然包括了有关的数据信息，但为了保证工程施工的严谨性，还需要进行现场勘查，获取第一手资料。利用原始资源制订工程施工方案，能够确保施工方案的合理性，从而保证施工顺序的合理性。具体调查的内容不仅需要包括现场的地质水文情况，还需要调查施工现场气温、气候、冰冻等情况，同时调查桥梁工程的绝对标高、水准基点等。

第三，做好技术交底工作。工程设计单位需要对施工设计图纸进行详细说明，帮助施工技术人员了解设计意图；施工单位根据施工图纸等其他设计文件，并结合现场勘查的结果，提出自己的建议与意见；最后经过详细的讨论确定设计方案，若设计发生变更，需要做好变更说明以及记录。

第四，在施工方案确定后，相关人员需要做好施工预算工作，为工程成本控制提供有力的依据。预算编制工作做好后，需要做好预算编制的审核，确保预算工作的合理性。

第二节　桥梁基础及下部结构施工

一、桩基础施工

（一）桩基础的含义以及桩的分类

桩基础是深入土层的柱形结构，其作用是将作用于桩顶以上的结构物传来的荷载传到较深的地基持力层中去。当荷载较大或桩数量较多时，需在桩顶设承台将所有桩基连接成一个整体，共同承担上部结构的荷载。

桩是垂直或微斜埋置于土中的受力杆件，它的横截面尺寸比长度小得多，其所承受的荷载由桩侧土的摩阻力及桩端地层的反力共同承担。

按桩的使用功能可分为：①竖向抗压桩。主要承受竖向下压荷载（简称竖向荷载）的桩，应进行竖向承载力计算，必要时还需要计算桩基沉降，验算软弱下卧层的承载力以及负摩阻力产生的下拉荷载。②竖向抗拔桩。主要承受竖向上拔荷载的桩，应进行桩身强度验算、抗裂验算以及抗拔承载力验算。③水平受荷桩。主要承受水平荷载的桩，应进行桩身强度验算、抗裂验算、水平承载力验算和位移验算。④复合受荷桩。承受竖向、水平荷载均较大的桩，应按竖向抗压（或抗拔）桩及水平受荷桩的要求进行验算。

按桩承载性能可分为：①摩擦桩。当软土层很厚，桩端达不到坚硬土层或岩层时，则桩顶的极限荷载主要靠桩身与周围土层之间的摩擦力来支撑，桩尖处土层反力很小，可忽略不计。②端承桩。桩穿过软弱土层，桩端支撑在坚硬土层或岩层上时，则桩顶极限荷载主要靠桩尖处坚硬岩土层提供的反力来支撑，桩侧摩擦力很小，可以忽略不计。③摩擦端承桩。桩顶的极限荷载由桩侧阻力和桩端阻力共同承担，但主要由桩端阻力承受。④端承摩擦桩。桩顶的极限荷载由桩侧阻力和桩端阻力共同承担，但主要由桩侧阻力承受。

按桩身材料可分为：木桩、混凝土桩、钢桩、组合桩等。

按桩径大小可分为：小桩（d ≤ 250 mm）；中等直径桩（250 mm < d < 800 mm）；大直径柱（d ≥ 800 mm）。其中，d 为桩径。

按施工方法可分为：沉桩、钻孔灌注桩、挖孔桩。其中，沉桩又分为锤击沉桩法、振动沉桩法、射水沉桩法、静力压桩法。

（二）桩基础的适用范围

1. 沉桩

锤击沉桩法：一般适用于松散、中密沙土、黏性土，桩锤有坠锤、单动汽锤、双动汽锤、柴油机锤、液压锤等，可根据土质情况选用适用的桩锤。

振动沉桩法：一般适用于沙土，硬塑、软塑的黏性土，中密、较松的碎石土。

射水沉桩法：适用于密实沙土、碎石土的土层，用锤击法或振动法沉桩有困难时，可用射水法配合进行。

静力压桩法：在标准贯入度 N < 20 的软黏土中，可用特制的液压机、千斤顶或卷扬机等设备沉入各种类型的桩。

2. 钻孔灌注桩

适用于黏性土、沙土、碎石、岩石等各类土层。

3. 挖孔灌注桩

适用于无地下水或少量地下水，且较密实的土层或风化岩层，如空气污染物超标，必须采取通风措施。

（三）沉入桩施工时的注意事项

第一，沉桩前，应对桩架、桩锤、动力机械等主要设备部件进行检查。

第二，沉桩过程中应注意桩帽与桩周围应有 5 mm~10 mm 间隙，以便锤击时桩可在桩帽内做微小的自由转动，避免桩身产生超过许可的扭转应力；打桩机的导向杆应予固定，以便施打时稳定桩身。

（四）锤击沉桩的停锤控制标准

第一，设计桩尖标高处为硬塑黏土、碎石土、中密以上的沙土或风化岩等土层时，贯入度达到控制贯入度。

第二，当贯入度已达到控制贯入度，而桩尖标高未到达设计标高时，应继续锤入 0.10 m 左右（或锤击 30~50 次），如无异常变化即可停锤；若桩尖标高比设计标高高得多时，应报有关部门研究确定。

第三，设计桩尖标高处为一般黏土或其他松软土层时，应以标高控制，贯入度作为校核。当桩尖已达设计标高，而贯入度仍较大时，应继续锤击，使其接近控制贯入度。

第四，从沉桩开始时起，应严格控制桩位及竖桩的竖直度或斜桩的倾斜度。在沉桩过程中，不得采用顶、拉桩头或桩身的办法来纠偏，以防桩身开裂并增加桩身附加弯矩。

（五）灌注水下混凝土的注意事项

第一，注意防止水流对混凝土的冲刷影响，在灌注范围内，水不得流动，在灌注过程中以及在混凝土尚未充分硬化以前，不得做任何抽水、排水工作。

第二，保证导管不漏水、不脱节、内壁不锈蚀，并在使用前用充水法进行检查；灌注不得中断。

第三，如采用多组导管同时灌注，应注意各组导管保持均一的灌注速度。

第四，在灌注过程中，应经常提升导管。

第五，为避免灌注工作发生中断，应有备用搅拌机和导管等设备。

（六）流沙事故的处理方法和措施

安排在全年最低水位季节施工，以减小基坑内动水压；采取水下挖土（不抽水或少抽水），使坑内水压与坑外水压相平衡或缩小水头差；采用井点降水，使水位降至基坑底 0.5 m 以下，使动水压力的方向朝下，坑底土面保持无水状态；沿基坑外围四周打板桩，深入坑底下面一定深度，以阻挡坑外水向坑内渗入，减小动水压力；采用化学压力注浆或高压水泥注浆，固结基坑周围粉砂层使其形成防渗帷幕；往坑底抛大石块，增加压重和减小动水压力，同时组织快速施工；当基坑面积较小，也可采取在四周设钢板护筒，随着挖土不断加深，直到穿过流沙层。

（七）钻孔桩埋设护筒的方法

护筒一般采用板厚为 4 mm~8 mm 的钢板加工而成，高度为 1500 mm~2000 mm。钻孔桩的护筒内径应比钻头直径大 100 mm~150 mm；冲孔桩的护筒内径应比钻头直径大 200 mm~250 mm。护筒的顶部应开设 1~2 个溢浆口，并高出地面 250 mm~350 mm。护筒顶高程，采用反循环钻时顶部应高出地下水位 2.0 m；采用正循环钻时应高出地下水位 1 m~1.5 m，且高出地面 0.3 m。

护筒中心与桩位中心应重合，周边用黏土夯填密实。护筒位置要根据设计桩位，按纵横轴线中心埋设。埋设护筒的坑不要太大。坑挖好后，将坑底整平，放入护筒，经检查位置正确，筒身竖直后，四周即用黏土回填，分层夯实，并随填随观察，防止填土时护筒位置偏移。护筒埋好后应复核校正，护筒中心与桩位中心应重合，偏差不得大于 50 mm。

护筒在黏性土中不宜小于 1 m；在沙土中不宜小于 1.5 m，并在保持孔内泥浆液面高于地下水位 1 m 以上。

（八）钻孔桩的泥浆制备要求

采用膨润土泥浆进行护壁。泥浆比重一般控制在 1.1~1.3，胶体率不低于 95%；含砂率不大于 4%。成孔过程中，泥浆系统应定期清理，确保文明施工。泥浆池实行专人管理。

泥浆性能指标及测试方法具体见表 4-1。

表 4-1 泥浆性能指标及测试方法表

序号	项目	性能指标	测试方法
1	相对密度	1.06~1.10	相对密度计
2	黏度	18 s~28 s	500 mL/700 mL 漏斗法
3	含砂率	≤ 4%	含砂率计
4	胶体率	≥ 95%	静置、澄清
5	失水率	≤ 20 mL/30 min	滤纸法
6	泥皮厚	≤ 3 mm/30 min	洗涤、取下
7	静切力	1 Pa~2.5 Pa	空心不锈钢泥浆切力计
8	酸碱度	pH 8~10	比色法

（九）钻孔桩钻进成孔时的施工方法及注意事项

钻进时，边钻进边注入泥浆进行护壁，保持泥浆面始终不低于护筒顶下 0.5 m，钻进过程中随时检测垂直度，并随时调整。成孔后泥浆比重控制在 1.25 以内，成孔时做好记录。

施工中应注意以下事项：第一，开始钻进时，应先轻压慢转，待钻头正常工作后，逐渐加大转速。第二，桩孔上部孔段钻进时轻压慢转，尽量减小桩孔超径；在黏土层，适当增加扫孔次数，防止缩径；砂层中用中等压力、慢转速，并适当增加泵量。第三，施工过程中如发现地质情况与原勘查资料不符，立即通知设计、监理等单位，及时处理。第四，根据孔内土层地质柱状图和捞取钻渣样判别土类，每进尺 2 m，检查泥浆指标及时调整泥浆比重，防止坍孔事故。第五，成孔过程中，每进 4 m~6 m 检查一次成孔质量，接近设计孔深时，准确地控制好钻进深度，并做好进入持力层的记录。第六，钻进过程中应认真、准确、及时地做好成孔记录，填写报表。

（十）钻孔桩成孔后桩孔质量检测内容

桩孔质量参数包括：孔深、孔径、钻孔垂直度等。

孔深：钻孔前先用水准仪确定护筒标高，并以此作为基点，按设计要求的孔底标高确定孔深，用测锤确定孔深。

孔径：用探孔器测量，若出现缩径现象应进行扫孔，符合要求后进行下道工序。

垂直度：采用双向锤球或孔锤测定，偏差应小于1%。

（十一）钻孔桩成孔后的清孔施工及标准

钻到设计标高后即开始清孔作业，用孔内钻斗（带挡板的钻斗）来掏除钻渣，如果沉淀时间较长，则用水泵进行浊水循环。清孔完毕时要达到如下标准：泥浆比重在1.05~1.15之间，含砂率在8%以内，黏度为18 s~20 s，沉淀层厚度不大于10 cm。清孔完毕后用检测笼测量孔径与垂直度，桩径误差应不大于50 mm，垂直度偏差不大于0.5%。若不合格，应同监理工程师进行处理（洗孔或回填重钻）。

（十二）钻孔桩钢筋笼的加工与吊放

1. 钢筋笼加工

钢筋笼需要现场加工制作，加工尺寸严格按设计图纸及规范要求进行控制。为起吊方便，钢筋笼提前分段制作，孔口现场焊接，钢筋接头按规定错开。为保证灌注桩的保护层厚度，采用钢筋"耳朵"的加固方法。钢筋"耳朵"焊在骨架主筋外侧，间距2 m~4 m。为确保钢筋笼刚度，起吊不变形，要求每隔2 m增设加强筋。

制好的钢筋骨架必须放在平整、干燥的场地上。存放时，每个加强筋与地面接触处都垫上等高的方木，以免粘上泥土。成型骨架都要挂牌标识，避免吊装时出错。

钢筋笼加工完毕，报请监理验收，验收合格后方可使用。

2. 钢筋笼吊放

根据设计采用合适吨位的汽车吊车下放钢筋笼。为了保证钢筋笼起吊时不变形，采用两点吊。起吊前在钢筋笼内临时加木杆，加强其刚度。上下两节钢筋笼在孔口进行焊接。

下笼时由人工辅助对准孔位，保持钢筋笼的垂直。轻放、慢放，避免碰撞孔壁，严禁高提猛放和强制下入。

在吊放钢筋笼的过程中，必须始终保持钢筋笼轴线与桩轴线吻合，并保证桩顶标高符合设计要求。为防止混凝土灌注过程中钢筋笼上浮，应该在钢筋笼最上端设定位筋，由测定的孔口标高来计算定位筋的长度，反复核对无误后焊接定位。

灌注完的混凝土开始初凝时，割断定位骨架竖向筋，使钢筋笼不影响混凝土的收缩，避免钢筋混凝土的黏结力受损失。

（十三）水下混凝土灌注钻孔桩时的施工方法

清孔、下钢筋笼后，立即灌注混凝土。为使混凝土有较好的和易性，其水泥用量、含砂率、水灰比应符合设计和规范要求。混凝土进入导管时的坍落度以设计和规范要求为准。首批灌注的混凝土初凝时间不得早于灌注桩全部混凝土灌注完成时间，灌注应尽量缩短时间，连续作业。

1. 灌注水下混凝土施工顺序

第一，安设导管。用汽车吊车将导管吊入孔内，位置应保持居中，导管下口与孔底距离保留 30 cm~50 cm。在使用导管前及灌注 4~6 根桩后，要检查导管及其接头的密闭性，确保密封良好。

第二，灌注首批混凝土。灌注首批混凝土之前在漏斗中放入隔水塞，然后再放入首批混凝土。在确认储存量备足后，即可剪断铁丝，借助混凝土重量排除导管内的水，使隔水塞留在孔底。灌注首批混凝土量应使导管埋入混凝土中，深度不小于 1.0 m。

第三，连续灌注。首批混凝土灌注正常后应连续不断灌注，灌注过程中应用测锤探测混凝土面高度，推算导管下端埋入混凝土深度，并做好记录，正确指导导管的提升和拆除。直至导管下端埋入混凝土的深度达到 4 m 时，提升导管，然后再继续灌注。在灌注过程中应将井孔内溢出的泥浆引流至适当地点处理，防止污染环境。

2. 灌注水下混凝土的技术要求

第一，首批混凝土灌注量应保证导管底口埋入混凝土中不小于 1.0 m，灌注过程中混凝土面应高于导管下口 2.0 m，每次拆除导管前其下端被埋入深度不大于 6.0 m。灌注必须连续，防止断桩。

第二，随孔内混凝土的上升，需逐节快速拆除导管，时间不宜超过 15 min。

第三，在灌注过程中，当导管内混凝土不满、含有空气时，后续的混凝土应徐徐灌入漏斗和导管，不得将混凝土整斗从上而下倾入管内，以免在管内形成高压气囊，挤出管节的橡胶密封垫。

第四，若混凝土上层存在一层浮浆，则需要凿除。为此，桩身混凝土需超浇 0.5 m~1 m，达到强度后，将设计桩顶标高以上部分用风镐凿除。

第五，做好混凝土浇筑记录。

第六，灌注过程要保护安设在钢筋笼上的监测元件。

（十四）钻孔桩成孔施工时的工作要求

第一，据地质资料，详细研究施工措施。对钻孔桩的施工方法和施工工艺提前进行技术交底，并对钻孔桩位进行复核，钉设十字桩。平整桩位四周的松软场地，清除杂物，整平夯实。

第二，钻孔前，要求材料部门积极备料，黏土、片石、水泥均应有大量的备用料，防止钻孔时塌孔。

第三，沿线路方向设足够容量的泥浆囤积池及循环池，集中管理钻孔桩泥浆。在每个泥浆池的周围安装防护栏，并设醒目的警示牌或警示灯以确保施工安全。

第四，钻孔灌注桩的直径为 1.5 m~1.8 m，桩基础钢护筒由 10 mm 厚的钢板卷制而成，护筒内径大于桩径 0.2 m。各桩基护筒下沉深度以穿越过淤泥层为准，并需要高出地面 0.2 m 以上，四周用黏土夯填密实，用以测放桩中心点和水平控制标高。钻进过程中，要确保护筒平面位置的偏差不大于 10 mm，护筒与桩轴线的偏差不大于 1%。

第五，钻孔桩施工采用原土造浆，在软弱地质带可适当投放膨润土造浆，增强护壁功能；在砂土层可适当投放一定量的黏土块，维持孔内泥浆浓度，避免发生坍孔。冲孔过程中，采用泥浆泵向孔内输送新鲜泥浆，泥浆管口离孔底一定高度，不停地置换孔内泥浆，维持孔内正常的泥浆比重。置换出的泥浆通过泥浆沟排入沉淀池，达到排渣的作用。钻进过程中根据实际钻进的地质情况调整泥浆的参数指标，满足钻进施工需要。

第六，采用冲击钻机冲击成孔，冲击过程中随时注意调节松绳长度，避免打空锤。每钻进 4 m~5 m，采用钢筋笼检孔器检孔一次，以便及时纠正冲孔的偏差，确保冲孔一次成功。冲孔过程中，每钻进 4 m~5 m 要抽取泥浆样品检测其各项指标，并做好钻孔深度记录，便于技术工程师和监理工程师根据地质情况决定钻孔深度。进入基岩后，每钻进 10 cm~30 cm 要取渣样一次，核实设计的地层情况。若在冲孔中发现与地质资料不符之处，应立即停止施工，及时通知监理工程师和业主，在查明情况、采取处理措施后再重新开始施工。

第七，钻孔完成后将钻头提出。先将输浆管送入孔底，置换泥浆 10 min~20 min，置换率不小于 0.8，并检测孔底沉渣厚度，若超过规范要求，可换用抽渣筒进行孔内排渣，以确保沉渣厚度符合规范要求。钢筋笼吊装、导管拼装完成后，再次测定沉渣厚度，直到沉渣厚度不大于 5 cm，方可进入下一道工序。

（十五）混凝土灌注桩浇筑时，防止钢筋笼被混凝土顶托上升的措施

第一，在孔口固定钢筋笼上端。

第二，浇筑混凝土的时间尽量加快，以防止混凝土进入钢筋笼时其流动性过小。

第三，当孔内混凝土接近钢筋笼底时，应保持埋管深度并放慢浇筑速度。

第四，当孔内混凝土面进入钢筋笼 1 m~2 m 后，应适当提升导管，减小导管埋置深度，增大钢筋笼在下层混凝土中的埋置深度。

第五，在浇筑即将结束时，导管内混凝土柱高度减小，压力降低，而导管外的泥浆及所含渣土的稠度和比重增大，如出现混凝土上升困难时，可在孔内加水稀释泥浆，也可掏出部分沉淀物，使浇筑快速进行。在最后一次拔管时，要缓慢提拔导管，以免孔内上部泥浆压入桩中。浇筑过程中，如因机械故障、堵塞、操作失误等原因，造成断桩事故，应及时向监理工程师及设计人员报告，研究补救措施。

二、扩大基础与承台施工

（一）扩大基础施工的基本规定和质量要求

第一，当扩大基础的基底为非黏性土或干土时，在施工前应将其润湿，并

应按设计要求浇筑混凝土垫层,垫层顶面不得高于基础底面设计高程;地基为淤泥或承载力不足时,按设计要求处理后,方可进行基础的施工;基底为岩石时,应采用水冲洗干净,且在基础施工前应铺设一层不低于基础混凝土强度等级的水泥砂浆。

第二,扩大基础施工宜采用钢模板。混凝土宜在全平截面范围内水平分层进行浇筑,且机械设备的能力应满足混凝土浇筑施工的要求;当浇筑量过大,设备能力难以满足施工要求或大体积混凝土温控需要时,可分块浇筑。

第三,扩大基础施工质量应符合表4-2的规定。

表4-2 扩大基础质量标准

检查项目	规定值或允许偏差		检查项目	规定值或允许偏差
混凝土强度(MPa)	在合格标准内		平面尺寸(mm)	±50
基础底面高程(mm)	土质	±50	基础顶面高程(mm)	±30
	石质	+50,-200	轴线偏位(mm)	25

(二)承台施工的基本规定和质量要求

第一,承台施工前应进行桩基等隐蔽工程的质量验收,桩顶的混凝土面应按水平施工缝的要求凿毛,桩头预留钢筋上的泥土等应清理干净。承台基底为软弱土层时,应按设计要求采取措施,避免在浇筑承台混凝土过程中产生不均匀沉降。

第二,承台的钢筋和混凝土应在无水条件下进行施工,施工时应根据地质、地下水位和基坑内的积水等情况采取防排水措施。应采取有效措施,使承台钢筋的混凝土保护层符合设计规定。桩伸入承台的长度以及边桩外侧与承台边缘的净距应不小于设计规定值。

第三,承台施工质量应符合表4-3的要求。

表 4-3　承台施工质量标准

项目	规定值或允许偏差	项目		规定值或允许偏差
混凝土强度（MPa）	在合格标准内	尺寸（mm）	B ≤ 30 m	±30
			B > 30 m	±B/1000
轴线偏位（mm）	15	顶面高程（mm）		±20

注：B 为承台边长；深水基础上以围堰作为承台模板时，承台的轴线偏位应符合设计要求。

（三）根据承台所处位置选择施工方法

第一，当承台位置处于干处时，一般直接采用明挖基坑，根据基坑状况采取一定措施后，在其上安装模板，浇筑承台混凝土。

第二，当承台位置位于水中时，一般先设围堰（钢板桩围堰或吊箱围堰）将群桩围在堰内，然后在堰内河底灌注水下混凝土封底。凝结后，将水抽干，使各桩处于干处，再安装承台模板，在干处灌注承台混凝土。

第三，承台底标高位于河床以上的水中时，采用有底吊箱或其他方法在水中支撑和固定承台模板。如利用桩基或临时支撑直接设置，承台模板安装完毕后抽水、堵漏，即可在干处灌注承台混凝土。

第四，承台模板支撑方式的选择应根据水深、承台的类型、现有的条件等因素综合考虑。

（四）钢围堰的设计与施工规定

第一，围堰的平面尺寸宜根据承台的结构尺寸、安装及放样误差等确定，且宜满足承台施工操作空间的需要，围堰内侧距承台边缘的净距不宜小于 1 m（围堰内侧兼做模板时除外）。围堰的顶面高程应高出施工期间可能出现的最高水位（包括浪高）0.5 m~0.7 m；在有潮汐的水域，应同时考虑最高和最低施工潮位对围堰的不利影响。

第二，除围堰应满足自身的强度和稳定性要求外，还应考虑河床断面被压缩后，流速增大导致的河床冲刷对通航、导流等的影响。

第三，对围堰结构进行计算时，除应考虑施工荷载及结构重力、水流压力、浮力、土压力等荷载外，还应根据现场的具体情况考虑风力、波浪力、流冰压力、船舶或漂浮物撞击力的作用效果。

第四，围堰结构应根据施工过程中的各种工况，按最不利荷载组合进行强度、刚度及稳定性计算。在围堰内设置支撑的，除应对内支撑结构本身进行局部验算外，应将其与围堰作为整体进行总体稳定性验算。设置内支撑时，应考虑其对承台及后续墩身施工的干扰影响。

第五，钢围堰的混凝土封底厚度应符合设计规定；设计未规定时，应根据桩周摩擦力、浮力、围堰结构自重及封底混凝土自身强度等因素，计算后确定。

第六，钢围堰在施工前应制订专项施工技术方案和安全技术方案，明确施工工艺流程。

第七，围堰钢结构的制造应保证其在施工过程中防水严密、不渗漏。

第八，在岸上整体加工制造的钢围堰，当通过滑道或其他装置下水时，其进入的水域面积和水深应足够，并应采取措施控制其下水的速度；采用起重船吊装时，起重船的吊装能力应能满足整体吊装的要求，各吊点的受力应控制均匀，必要时宜进行监控。

第九，钢围堰在灌注封底混凝土之前，应将桩身和围堰壁上附着的泥浆冲洗干净，检验合格后方可进行封底混凝土的施工。

第十，钢围堰拆除时，除应采取措施防止撞击墩身外，对水下按设计规定可不拆除的结构，应保证不会对通航产生不利的影响。

（五）钢板桩围堰的施工规定

第一，钢板桩的材质、性能和尺寸应符合产品的相应规定。钢板桩在存放、搬运和起吊时应采取措施，防止其变形及锁口损坏。经过整修或焊接后的钢板桩，应采用同类型的短桩进行锁扣试验，合格者方可继续使用。

第二，钢板桩施工前应设置测量观测点，控制其施打的定位。

第三，钢板桩在施打前，其锁口宜采用止水材料捻缝，防止在使用过程中漏水。

第四，施打钢板桩应有导向装置，保证桩的位置准确。施打顺序应按既定的施工技术方案进行，并宜从上游开始分两头向下游方向合拢。施打时应随时检查其位置和垂直度是否准确，不符合要求应立即纠正或拔起重新施打。施打完成后所有钢板桩的锁口均应闭合。

第五，同一围堰内采用不同类型的钢板桩时，宜将不同类型桩各半拼焊成一根异型钢板桩，并分别与相邻桩进行连接。接长的钢板桩，其相邻桩的接头位置应上下错开。

第六，拔除钢板桩之前，应向围堰内注水使内外水位保持平衡。拔桩应从下游侧开始逐步向上游侧进行，拔除的钢板桩应对其锁口进行检修与涂油，并堆码妥善保存。

（六）钢套箱围堰的施工规定

第一，对有底钢套箱，除应进行结构的计算和验算外，应针对套箱内抽干水后的工况进行抗浮验算。钢套箱采取悬吊方式安装时，应验算悬吊装置及吊杆的强度是否满足受力要求。

第二，钢套箱应根据现场设备的起吊能力和移运能力确定采用整体式或装配式制作，制作时应采取防止接缝渗漏的措施。

第三，钢套箱下沉就位时，应保持平稳，当采用多个千斤顶吊放时，应使各千斤顶的行程同步，且宜设置导向装置或利用已成桩作为导向的承力结构进行准确定位。钢套箱就位后应对其平面位置和高程进行精确调整，并应及时予以固定；当水流速度过大，使套箱的位置发生改变时，应具有稳定套箱的可靠措施。

第四，有底钢套箱在浇筑封底混凝土之前，应采用适宜的止水装置或材料对底板与桩基之间的缝隙进行封堵。

第五，钢套箱内的排水应在封底混凝土符合设计规定的强度后或达到设计强度的80%及以上时进行。排水不应过快，并应在排水过程中加强对套箱情况变化的监测。对有底钢套箱，必要时可设反压装置抵抗过大的浮力。

第六，钢套箱壁兼做承台模板时，其位置的允许偏差应符合设计规定。

（七）双壁钢围堰的施工规定

第一，围堰的双壁间距应考虑下沉时需要克服的浮力、土层摩阻力及基底抗力等，经计算后确定，并应在双壁之间分设多个对称的、横向互不相通的隔水舱。

第二，双壁钢围堰兼做钻孔平台时，应将钻孔施工产生的全部荷载及各种工况加入围堰结构的最不利荷载组合中进行设计和验算。同时，应制订防撞击、防冲刷的可靠方案，并应进行相应的验算。

第三，双壁钢围堰结构的制作宜在工厂按设计要求进行，各节、块应按预定的顺序对称组装拼焊。制作完成后应进行焊接质量检验，并应进行水密试验。

第四，围堰应根据现场的水文、地质和通航等情况，设置可靠的定位系统和导向装置。

第五，围堰下沉至设计高程时，在灌注封底混凝土之前，应对河床面进行清理和整平。围堰置于岩面上时，宜将岩面整平；基岩岩面倾斜或凹凸不平时，宜将围堰底部制作成与岩面相应的异形刃脚，以增加其稳定性并减少渗漏。

（八）扩大基础、承台开挖基坑的注意事项

第一，基坑开挖一般采用机械开挖，并辅以人工清底找平。基坑的开挖尺寸要求根据对承台的尺寸、外模及操作的要求，设置排水沟及集水坑的需要等因素进行确定。

第二，基坑的开挖坡度以保证边坡的稳定为原则，根据地质条件、开挖深度、现场的具体情况确定，当基坑壁坡不易稳定或放坡开挖受场地限制时，可按具体情况采取加固坑壁措施，如挡板支撑、混凝土护壁、钢板桩、锚杆支护、地下连续墙等。

第三，基坑顶面应设置防止地面水流入基坑的措施，如截水沟等。

第四，当基坑地下水采用普通排水方法难以解决时，可采用井点法降水。井点类型根据其土层的渗透系数、降水的深度及工程的特点进行确定。

（九）承台底的处理

1. 低桩承台

当承台底层土质有足够的承载力，又无地下水或能排干时，可按天然地基上修筑基础的施工方法进行施工。当承台底层土质为松软土，且能排干水施工时，可挖除松软土，换填 10 cm~30 cm 厚的沙砾土垫层，使其符合基底的设计标高，随后整平并立模灌注承台混凝土。如不能排干水时，用静水挖泥方法换填水稳性材料，立模灌注水下混凝土封底后，再抽干水灌注承台混凝土。

2.高桩承台

当承台底以下河床为松软土时，可在板桩围堰内填入沙砾至承台底面标高。填沙时视情况决定，可抽干水填入或静水填入，要求能承受灌注封底混凝土的重量。当底层土承载力小于 0.15 H kg/cm² （H 为水中封底混凝土厚度，单位 m），而围堰内水不易排干，且所填沙砾尚不能支撑封底混凝土的重量时，则应考虑提请设计单位进行变更设计或降低承台到能承受封底混凝土重量的土层土，或提高承台采用吊箱围堰施工。

（十）扩大基础、承台混凝土浇筑的注意事项

第一，混凝土的配制不仅要满足技术规范及设计图纸的要求，还要满足施工的要求，如泵送对坍落度的要求。为改善混凝土的性能，可以根据具体情况掺加合适的混凝土外加剂，如减水剂、缓凝剂、防冻剂等。

第二，混凝土的拌和采用搅拌站集中拌和，混凝土罐车通过便桥或船只运输到浇筑位置。可以采用流槽、漏斗或泵车浇筑，也可由混凝土地泵直接在岸上泵入。

第三，混凝土浇筑时要分层，分层厚度要根据振捣器的功率确定，并满足技术规范的要求。

第四，大体积混凝土的浇筑。大体积混凝土的施工除遵照一般混凝土的要求外，施工时还应注意以下几点：①水泥。选用水化热低、初凝时间长的矿渣水泥，并控制水泥用量，一般控制在 300 kg/m³ 以下。②沙、石。沙选用中、粗沙，石子选用粒径 0.5 cm~3.2 cm 的碎石和卵石。夏季沙、石料堆可设简易遮阳棚，必要时可向骨料喷水降温。③外加剂。可选用复合型外加剂和粉煤灰以减少绝对用水量和水泥用量，延缓凝结时间。④按设计要求铺设冷却水管，冷却水管应固定好。⑤如承台厚度较厚，一次浇筑混凝土方量过大时，在设计单位和监理同意后可分层浇注，以通过增加表面系数的方式，利于混凝土的内部散热。分层厚度以 1.5 m 左右为宜，层间间隔时间 5 d~14 d 之间。上层浇筑前，应清除下层水泥薄膜、松动石子以及软弱混凝土面层，并进行湿润、清洗。

第五，混凝土养护和拆模。混凝土浇筑后要适时进行养护，尤其是体积较大、气温较高时要尤其注意，防止混凝土开裂。混凝土强度达到拆模要求后再进行拆模。

（十一）深水承台施工注意事项

第一，深水桩基础的承台一般为大体积钢筋混凝土施工，必须进行温控防裂措施。

第二，混凝土中可掺入粉煤灰，当加入粉煤灰后其强度龄期可按 60 d 或 90 d 计。

第三，处于最低水位以下的承台，特别是设计将围堰作为模板时，由于承台的施工偏差难以控制，所以必须在施工时考虑相应的控制措施。

第四，浇筑水下封底混凝土可以直接泵送，也可以按灌注水下混凝土的导管法进行。对于重要的、大体积的承台最好不要采用普通泵送混凝土，应采用水下不离析混凝土。采用导管法时要注意扩散范围，经验值可取 6 m。

第五，对围堰封底应全断面一次连续浇筑完成，并在整个封底混凝土初凝前浇筑完成。

第六，承台混凝土浇筑采用低热水泥和良好的粗、细骨料，掺加合格的粉煤灰和适当的外加剂，使拌和物具有和易性好、可泵性好、初凝时间长、坍落度损失小等特性。

第七，混凝土浇筑应一次连续完成。对于二次浇筑的施工缝，除凿毛外还应增设凹型滑槽，并埋设槽钢或工字钢，以增强其整体性。分层浇筑时，上下层浇筑间隔不能过长，以免后浇的混凝土出现裂缝。

（十二）扩大基础、承台的土方开挖要求

第一，桥墩台基坑尺寸应满足施工要求。当基坑为渗水的土质基底时，坑底尺寸应根据排水要求（包括排水沟、集水井、排水管网等）和基础模板设计所需基坑大小而定。一般基底应比基础设计的平面尺寸宽 0.5 m~1.0 m。当不设模板时，可按基础的设计尺寸开挖基坑。

第二，基坑坑壁坡度应按地质条件、基坑深度、施工方法等情况确定。

第三，开挖放坡的基坑时，应按施工方案规定的坡度，随挖随修坡，一次成活。

第四，开挖基坑时，应合理选择开挖机械，确定开挖顺序、路线，尽可能将墩台基坑土方一次挖除。挖至标高的土质基坑不得长期暴露、扰动或浸泡，

并应及时检查基坑尺寸、高程、基底承载力，若符合要求，立即进行基础施工。

第五，在开挖过程中，应随时检查边坡的稳定状态。深度大于 1.5 m 时，应根据土质变化情况做好基坑的支撑准备，以防塌方。

第六，开挖基坑时，不得超挖，避免扰动基底原状土。可在设计基底标高以上暂留 0.3 m 不进行土方机械开挖，此部分在抄平后由人工挖出。如超挖，应将松动部分清除，其处理方案应报监理、设计单位批准。

第七，机械施工挖不到的土方，如桩基间土方，应配合人工随时进行清除。

第八，开挖基坑的土方，在场地有条件堆放时，一定留足回填需用的好土；多余的土方应一次运走，避免二次倒运。

第九，在基槽边弃土时，应保证边坡的稳定。当土质良好时，槽边的堆土应距基槽上口边缘至少 1.0 m，高度不得超过 1.5 m。

第十，修边和清底。在距基底设计标高 0.2 m~0.5 m 槽帮处，抄出水平线，钉上小木橛，然后用人工将暂留土层挖走。同时，由两端轴线（中心线）引桩拉通线，检查距槽边尺寸，确定基槽宽度，以此修整槽边。

第十一，钎探验收。开挖完成后，对于墩台采用扩大基础时，应按设计地基承载力要求对基底进行钎探，钎探验收应按设计和规范要求进行。

（十三）扩大基础平台的钢筋混凝土施工

1. 钢筋绑扎

钢筋应在加工场进行加工，钢筋的加工必须满足设计要求和规范规定。钢筋严格按照图纸进行绑扎。当钢筋接头采用双面焊时，焊缝长度不得小于 5 d，单面焊时不得小于 10 d。施焊时，药皮要"随焊随敲打"，钢筋交叉点用火烧丝绑扎结实。钢筋直径大于 20 mm 时采用机械方式连接。为保证保护层厚度，在钢筋与模板之间绑扎混凝土垫块，垫块与钢筋绑扎要牢固并相互错开，间距 50 cm。钢筋搭接长度及钢筋位置严格按照图纸和规范执行。绑扎施工时注意预留墩柱、桥台筋进入基础部分钢筋及预埋件位置要准确。如果桩内钢筋与承台钢筋发生矛盾，经设计同意后可进行适当调整。

2. 模板安装

模板板面均匀涂刷脱模剂。模板位置按测量所给墨线支搭，模板安装要直顺、平整，接缝采用海绵条填塞，保证接缝严密、不漏浆。外侧用 8 cm×12 cm

方木支撑加固。竖向方木间距1 m，水平模板采用48 mm钢管连接固定。斜撑采用8 cm×12 cm方木，上下间距0.6 m，水平间距1 m，与基槽边坡接触部位用木楔撑紧。模板支搭完毕，对模板高程进行复测，并检验模板位置及稳定性。

3.灌注混凝土

模板安装完毕，经监理工程师验收合格后方可进行混凝土浇筑。混凝土采用商品混凝土。混凝土采用罐车运输，溜槽倾斜入模。保证倾斜高度不大于2 m。浇筑时分层浇筑，每层浇筑厚度不大于30 cm，混凝土浇筑时温度不能超过28℃。振捣时使用插入式振捣器振捣，振捣半径控制在25 cm以内，且振捣器要插入下层混凝土厚度的1/3~1/2。振捣模板边缘时，振捣器要距模板5 cm~10 cm，严禁使振捣器碰触模板和钢筋。振至混凝土不再下沉，无气泡溢出，表面平坦泛浆为止。混凝土浇筑完毕后，先用木抹子成活，再用铁抹子压光。桥台、桥墩预留筋和承台钢筋浇筑在一起。在承台四脚预埋钢筋拉钩，以利于模板的固定和校正。

4.覆盖养护

混凝土浇筑成活后立即采用塑料薄膜覆盖并设专人洒水养生，养生时间不少于7 d，养生期间保持混凝土表面湿润，防止产生裂缝。

5.模板拆除

混凝土强度经同条件试块检测合格后，可按照设计和规范要求将模板拆除。

（十四）扩大基础、承台施工时应采取的安全措施

第一，沟槽深度超过1.5 m时，必须按规定放坡或做可靠支撑，并设置人员上下坡道或爬梯。当深度超过2 m时，在距沟槽边1 m处设置两道不低于1.2 m的护身栏。施工期间设警示牌，夜间设红色标志灯。夜间施工要有足够的照明。

第二，沟槽边堆土高度不得超过1.5 m，堆土距沟槽边大于1 m。

第三，汛期开槽时要放缓边坡坡度，并做好排水措施。

第四，严禁在机械运行范围内停留，机械行走前应检查周围情况，确认无障碍后鸣笛操作。

（十五）施工中承台吊模缺陷的原因及防治

原因分析：模板设计的安全系数不够，支撑系统不能承受承台混凝土和施工作业的全部重量，产生过量的挠度，致使模板格栅断裂；底模搁栅未采用纵、横两道与基桩夹紧；吊杆紧固不够；电焊强度不足。

防治措施：合理的模板设计是确保模板安全使用的关键；杆宜与基桩主筋绑焊，并确保焊接质量；杆的直径与根数应经过计算确定。

三、墩身、桥台施工

（一）浅基墩台的条件

一般情况下，墩台基础埋置深度符合下列条件之一而又未进行有效的防护时，即为浅基墩台。

1. 未嵌入岩层的基础

扩大基础的基底在最大冲刷线下不足 2.5 m；低桩承台的承台底面在最大冲刷线下不足 1.5 m（桩入土深度不明时）或桩在冲刷线下的入土深度不能保证稳定且不足 4 m；沉井基础及高桩承台在最大冲刷线下的埋置深度不足以保证墩台稳定。

2. 嵌入岩层的基础

墩台基础嵌入坚固不易冲刷磨损的基本岩石层不足 0.25 m（嵌入风化破碎、易冲刷磨损岩层的深度，按未嵌入岩层计）。墩台基础深度不明，应认真进行挖验或钻探，摸清情况。浅基墩台应根据水文地质条件，及时采取立体或平面防护进行加固或予以根本改善。

（二）墩、台身的施工规定

第一，墩、台身施工前，应对其施工范围内基础顶面的混凝土进行凿毛处理，并将表面的松散层、石屑等清理干净；对分节段施工的墩、台身，其接缝亦应做相同的凿毛和清洁处理。

第二，墩、台身高度超过 10 m 时，可分节段施工，节段的高度宜根据混凝土施工条件和钢筋定尺长度等因素确定。上一节段施工时，已浇节段的混凝土强度应不低于 2.5 MPa。

第三，在模板安装前，应在基础顶面放出墩、台身的轴线及边缘线；对分节段施工的墩、台身，其首节模板安装的平面位置和垂直度应严格控制。模板在安装过程中应通过测量、监控等措施保证墩、台身的垂直度，并应有防倾覆的临时措施；对高墩且风力较大地区的墩身模板，应考虑其抗风稳定性。

第四，应采取措施，缩短墩、台身与承台之间浇筑混凝土的间隔时间，间歇期不宜大于 10 d。

第五，浇筑混凝土时，串筒、溜槽的布置应方便摊铺和振捣，并应明确划分工作区域。混凝土浇筑完成后，应及时进行养护，养护时间不得少于 7 d。

第六，墩、台高处作业的施工安全应符合规范相关的规定。

第七，墩、台身施工质量应符合表 4-4 的规定。

表 4-4 墩、台身施工质量标准

项目	规定或允许偏差		项目	规定或允许偏差
混凝土强度（MPa）	在合格标准内		断面尺寸（mm）	±20
竖直度（mm）	H ≤ 30 m	H/1500，且不大于 20	顶面高程（mm）	±10
	H > 30 m	H/3000，且不大于 30		
节段间错台（mm）	5		轴线偏位（mm）	10
预埋件位置（mm）	10		大面积平整度（mm）	5

注：H 为墩身或台身高度。

（三）预制柱式墩台的安装施工规定

第一，预制构件与基础顶面的预留槽口应对应编号，安装前应检查各墩、台预制构件的尺寸和基础预留槽口的顶面高程是否符合设计要求，基座槽口四周与柱边的空隙应不小于 20 mm。经检验合格方可进行预制构件的安装施工。

第二，预制构件吊入基座槽口就位时，应在柱身竖直度以及平面位置符合设计要求后，再将楔子塞入槽洞打紧。对重大、细长的墩、台柱，在采用风缆或撑木固定好后，方可摘除吊钩。

第三，在墩、台柱顶安装盖梁前，应先检查盖梁预留槽眼的位置是否符合设计要求。

第四，槽口内现浇混凝土的施工应符合设计规定。

（四）预制环管式墩台的安装施工规定

第一，安装管节或环圈时，应严格控制设计轴线的位置，不应出现倾斜或上下错位现象。

第二，基础顶部预留钢筋的数量、伸入管节或环圈内钢筋的锚固长度应符合设计规定。应采用设计规定的混凝土或砂浆将管节或环圈的接缝填塞、捣实并抹平。

（五）墩台基础施工时预留墩柱台身插筋的方法

基础（承台或扩大基础）施工时，应根据墩柱、台身高度预留插筋。若墩、台身不高，可在基础施工时将墩、台身钢筋按全高一次预埋到位。若墩、台身太高，可将钢筋分段施工，预埋钢筋长度宜高出基础顶面1.5 m左右，按50%截面错开配置，错开长度应符合规范规定和设计要求，一般不小于钢筋直径的35倍且不小于500 mm，连接时宜采用帮条焊或直螺纹连接技术。预埋位置应准确，满足钢筋保护层要求。

（六）墩柱使用木质模板时拼装与就位的方法

第一，木质模板以压缩多层板及竹编胶合板为宜，视情况可选用单面或双面覆膜模板，覆膜一侧面向混凝土。次龙骨应选用方木，水平设置；主龙骨可选用方木及型钢，竖向设置，间距均应通过计算确定。内外模板的间距用拉杆控制。

第二，木质模板拼装应在现场进行，场地应平整。拼装前将次龙骨贴模板一侧用电刨刨平，然后用铁钉将次龙骨固定于主龙骨上，使主次龙骨形成稳固框架。然后铺设模板，模板拼缝夹弹性止浆材料。要求设拉杆时，须用电钻在模板相应位置打眼。每块拼装大小应根据模板安装就位所采用设备而定。

第三，模板就位可采用机械或人工。模板下口用定位楔定位时，按平面位置控制线进行。模板平整度、模内断面尺寸及垂直度可通过调整缆风绳松紧度及拉杆螺栓松紧度来控制。

（七）墩台混凝土浇筑前的注意事项

浇筑混凝土前，应检查混凝土的均匀性和坍落度，并按规定留取试件；应根据墩、台所处位置、混凝土用量、拌和设备等情况，合理选用运输和浇筑方法。采用商品混凝土时，应选择合格供应商，并提供商品混凝土合格证和混凝土配合比通知单。混凝土浇筑前，应将模内的杂物、积水和钢筋上的污垢彻底清理干净，并办理隐检、预检手续。墩柱混凝土施工缝应留在结构受剪力较小，且宜于施工的部位，如基础顶面、梁的承托下面。混凝土的水平运输视运距远近和方量大小可选用手推车、轻便轨道活底斗车、自卸汽车或混凝土拌和车。混凝土垂直运输常用各种吊机、扒杆、吊架、混凝土泵、混凝土泵车及皮带输送机等进行高墩台的混凝土浇筑。

（八）不同截面及结构形式的墩柱混凝土施工

第一，大截面墩台结构，宜采用水平分层连续浇筑或倾斜分层连续浇筑混凝土，并应在下层混凝土初凝前浇完上层混凝土。水平分层连续浇筑上下层，前后距离应保持 1.5 m 以上。倾斜分层坡度不宜过陡，浇筑面与水平夹角不得大于 25°。

第二，墩柱因截面小，浇筑时应控制浇筑速度。首层混凝土浇筑时，应铺垫 50 mm~100 mm 厚与混凝土同配比的减石子水泥砂浆一层。混凝土应在整截面内水平分层，连续浇筑，每层厚度不宜大于 0.3 m。如因故中断，导致间歇时间超过规定，则应按施工缝处理。

第三，柱身高度内如有系梁连接，则系梁应与墩柱同时浇筑，当浇筑至系梁上方时，浇筑速度应适当放缓，以免混凝土从系梁顶涌出。V 形墩柱混凝土应对称浇筑。

第四，浇筑轻型薄壁墩台时为防止出现混凝土裂缝，施工时应认真进行混凝土配合比设计，严格计量投料，精心施工，重视养护。为保持其墙体的稳定，混凝土浇筑后，要抓紧安排支撑梁混凝土的施工以及上部构件的吊装，使整个构件造物早日形成受力框架。

第五，浇筑高大的后仰桥台时为平衡偏心，应在浇筑台身混凝土之后，及时填筑台后路堤土方，防止桥台后倾或前滑。未经填土的台身露出地面的高度不得超过 4 m，以防因偏心导致基底的不均匀沉陷。

（九）预制管做墩柱外模时，预制管的安装要求

在基础上以预制混凝土管等做墩柱外模时，预制管节安装时应符合下列要求：①基础面宜采用凹槽接头，凹槽深度不应小于 50 mm。②上下管节安装就位后，用 4 根竖方木对称设置在管柱四周并绑扎牢固，防止撞击错位。③混凝土管柱外模应加斜撑，以保证浇筑时的稳定性。④管口应用水泥砂浆填严、抹平。

（十）钢板箍钢筋混凝土墩柱施工要求

第一，钢板箍、法兰盘及预埋螺栓等均应由具有相应资质的厂家生产，进场前应进行检验并出具合格证。厂内制作及现场安装应满足钢结构施工的有关规定。

第二，在基础施工时应依据施工图纸将螺栓及法兰盘进行预埋，钢板箍安装前，应对基础、预埋件及墩柱钢筋进行全面检查，并进行彻底除锈、除污处理，合格后施工。

第三，钢板箍出厂前在其顶部对称位置各焊一个吊耳，安装时由吊车将其吊起后，垂直下放到法兰盘上方对应位置，人工配合调整钢板箍位置及垂直度。合格后由专业工人用电焊将其固定，稳固后摘下吊钩。

第四，钢板箍与法兰盘的焊接由专业工人完成，为防止变形，焊接时应对称进行，以便更好地控制垂直度与轴线偏位。混凝土浇筑前按钢结构验收规范对其进行验收。

第五，钢板箍墩柱宜灌注补偿收缩混凝土。

第六，对钢板箍应进行防腐处理。

（十一）钢筋混凝土墩台

施工时的注意事项如下：

第一，在承台顶面准确放出墩台中线和边线，考虑混凝土保护层后，标出主钢筋位置。

第二，将加工好的钢筋运至工地现场绑扎，在配置第一层垂直筋时，应使其有不同的长度，以符合同一断面筋接头的有关规定。随着绑扎高度的增加，用圆钢管搭设绑扎脚手架，做好钢筋网片的支撑，并系好保护层垫块。条件允许时，可事先加工成钢筋网片或骨架，整体吊装焊接就位。

第三，将标准钢模组合成分块模板片，板片高度及宽度视墩台身尺寸和吊装能力而定。为保证模板的使用性能和吊装时不变形，模板必须有足够的强度、刚度和稳定性，因此事先应进行认真的设计。

第四，用夹具将工字钢立柱和板片竖向连接，横向用销钉和槽钢横肋连接，将整个模板连成整体。安装就位，用临时支撑支牢，待另一面模板吊装就位后，用圆钢拉杆外套塑料管并加设锥形垫，外加垫块螺帽，内加横内撑，将两面模板横向连成整体，校正定位。

第五，端头模板要和墙面模板牢固连接，采取良好支撑、加固措施，防止跑模、漏浆。

第六，施工脚手架用螺栓连接在立柱上，立柱下部设置可调斜撑，以确保模板位置的正确。

第七，安装直坡式墩台模板，为便于提升，宜有 0.5%~1% 模板高度的锥度。在制作模板时，可根据锥度要求加工一定数量的梯形模板。为适用于空心墩台，还需制作收坡式模板。

第八，使用拼装式模板修筑圆形、方形墩时，可视吊装能力，分节组拼成整体模板，以加快进度，保证质量及安全。

第九，统筹安排混凝土拌和站的位置，拌和站的拌和能力必须满足施工需要，原材料质量、混凝土施工配合比、坍落度等必须符合设计要求。

第十，墩台高度不大时，可搭设木板坡道，中间钉设防滑木条，用手推车运输混凝土浇筑。当墩台高度较大，混凝土下落高度超过 2 m 时，要使用溜管、串筒。

第十一，拼装式模板用于高墩台时，应分层支撑、分层浇筑，在浇筑第一层混凝土时，于墩台身内预埋支撑螺栓，以支撑第二层模板的安装和混凝土的浇筑。

第十二，浇筑墩台混凝土通常搭设普通外脚手架，浇筑高墩台混凝土时，须采用简易活动脚手或滑动脚手。浇筑空心高墩台混凝土时，宜搭设内脚手，并兼作提升吊架。

第十三，混凝土应分层、整体、连续浇筑，逐层振捣密实。轻型墩台设置沉降缝时，缝内要填塞沥青麻絮或其他弹性防水材料，并与基础沉降缝保持顺直贯通。

第十四，混凝土浇筑时，要随时检查模板、支撑是否松动变形，预留孔、预埋支座钢板是否移位，发现问题要及时采取补救措施。

第十五，混凝土浇筑完成应适时覆盖洒水养护，拆模后也可采用喷洒养护剂、圈套塑料养护。

第三节　桥梁上部结构及桥面系施工

一、支架现浇

（一）支架现浇梁的基本施工工艺流程

施工准备→地基处理→支架位置放线→支架搭设→支架校验调整→铺设纵横方木→支架预压→安装支座→安装底模板、侧模板→底模板调平→支架及底模调整→绑扎底板、侧板钢筋→安装波纹管→自检、报检→第一次混凝土灌注→安装内模板→安装端模板→绑扎顶板钢筋→自检、报检→第二次混凝土灌注→混凝土养护→拆除边模和内模板→预应力张拉→压浆、封堵端头→养护→拆除底模板和支架→桥面铺装防水层及保护层→桥面系安装

（二）支架的设计内容及安全、稳定系数

支架工程设计分为基础工程、支架、纵梁三个部分。要进行基底承载力、强度、刚度、挠度和稳定性计算，计算时除考虑梁体混凝土重量外，还需考虑

模板及支架重量，施工荷载（人、料、机等），作用模板、支架上的风力，及其他可能产生的荷载（如雪荷载、保证设施荷载）等。从而确定基础的形式、杆件的间距、数量和预留起拱度。支架强度安全系数大于1.4，稳定性安全系数大于1.5。

（三）支架安装的基本步骤

1. 支架基础施工

支架现浇梁施工前，先对施工现场进行场地平整，对搭设支架的场地进行加固处理，一般采用20 cm石灰土或沙粒垫层混合10 cm低强度混凝土，以确保地基承载力达到满布荷载的要求，使梁体混凝土浇筑后不产生沉降。

2. 碗扣支架搭设

支架纵、横桥向间距和竖向间距应满足设计要求。为了保证支架稳定性，应在纵桥向每4—5排支架间加设一排剪刀撑。剪刀撑与水平线的夹角为45°。

3. 支架立杆位置放样

为了便于控制标高，立杆布置以设计中心线或结构物中心线为准，左右对称布置，放样时以"两线"（即设计中心线或结构物中心线）为控制线，以计算或设计宽度（长度）来确定立杆纵、横向位置。

4. 布设立杆槽钢

根据立杆位置布设立杆枕木，注意将其放置平整、牢固，并使立杆处于枕木中心。保证地基的受压面积，底部不得有悬空现象。

5. 支架底座标高控制

为保证横杆水平，控制好立杆顶标高，使立杆、横杆能顺利连接，需认真调节槽钢上的支架底座标高。方法是纵桥向每6根立杆为一个断面,横向设左、中、右三个控制点拉线控制，调出每个底座的伸长量。

6. 安装立杆、横杆

根据立杆及横杆的设计组合，从底部向顶部依次安装立杆、横杆。安装时应保证立杆处于槽钢轴线，通过挂线调整底托的伸长量，使其保持在同一线上，便于横杆的安装。一般先全部装完一个作业面的底部立杆及部分横杆，再逐层往上安装，同时安装所有横杆。

7. 斜杆安装

为了保证支架的稳定性，必须按设计要求安装斜撑杆，斜撑采用 48 mm 的钢管，通过扣件与碗扣支架连接，安装时尽量布置在框架结点上。

8. 顶托安装

为了便于在支架上作业安全省时，可根据计算在地面上大致调好顶托伸出量，再运至支架顶安装。

9. 纵、横梁安装

顶托标高调整完毕后，即可安装纵、横梁，纵梁采用材质应符合设计要求。

（四）支架的堆载预压

支架搭设好后，进行预加载试压，以检查支架的承载能力，减小或消除支架的非弹性变形和地基不均匀沉降，从而确保混凝土梁的浇筑质量。

加载材料可使用沙袋、混凝土预制块等，试压的最大加载为设计荷载的 1.2 倍。加载顺序为从支座向跨中依次进行。预压分两级进行，第一级荷载控制在总荷载的 2/3 左右。第一次加载后，荷载维持 1 d 进行观测，第二天进行最后一级荷载加载。最后一级维持时间根据预压沉降观测值确定，每隔 12 h 测一次，直至 24 h 内排架变形量不超过设计要求的变形量即可卸载。预压过程中应对支架沉降进行连续观测。

观测点设置：每跨布置三点（三点分布在箱梁的中间以及两侧 1/4 跨径处）。

沉降观测频率：每级荷载添加前观测一次；每级荷载添加完毕观测一次；荷载的全部已加上后的第一天，每 4 h 观测一次，其余每天至少观测一次；卸载前观测一次；卸载后观测一次。

观测注意事项：观测频率和时间除按上述规定外，可根据实际情况适当增加；箱梁浇筑前在底板位置与预压对应位置设置观测点，观测混凝土施工过程中的支架沉降；每次观测得到的数据认真记录在沉降量观测专用表格内。

（五）支架法施工时，模板安装需注意的事项

第一，模板的安装要结合钢筋及预应力管道的埋设依次进行。

第二，安装前检查。板面是否平整、光洁、有无凹凸变形及残余黏浆，模板接口处要清除干净；所有模板连接端部和底脚有无碰撞而造成影响使用的缺

陷或变形，模板焊缝处是否有开裂破损，如有均要及时补焊、整修。

第三，铺设底模。采用人工为主、机械配合的方式施工。底模板安装前要考虑支架预留拱度的设置调整、加载预压试验及支座板的安装。

第四，侧模安装。先使侧模滑移或吊装到位，与底模板的相对位置对准，用顶压杆调整好侧模垂直度，并与端模连接好。侧模安装完后，用螺栓连接稳固，并上好全部拉杆。调整其他紧固件后，检查整体模板的长、宽、高尺寸及平整度等，并做好记录。不符合规定的，要及时调整。

第五，内模安装。内模安装要根据模板结构确定，当内模为拼装式结构时，可采用吊装方式安装内模。内模安装完后，严格检查各部位尺寸是否正确。

第六，端模安装。在将胶管或波纹管逐根插入端模各自的孔内后，进行端模安装。安装过程中逐根检查端模是否处于设计位置。端模安装要做到位置准确，连接紧密，侧模与底模接缝密贴且不漏浆。

安装模板时要注意预埋件的安装，严格按设计图纸施工，确保每孔梁上预埋件位置准确无误，无遗漏。

（六）支架施工应采取的安全措施

禁止任意改变构架结构及其尺寸；禁止架体倾斜或连接点松弛；禁止不按规定的程序和要求进行搭设和拆除作业；搭拆作业中应采取安全防护措施，设置防护和使用防护用品；禁止随意增加上架的人员和材料，引起超载；禁止在架面上任意采取加高措施；不得将模板支架、缆风绳、泵送混凝土输送管等固定在支架上，严禁悬挂起重设备；不得在架上搬运重物；不得在6级以上大风、雷雨和雪天继续施工；若脚手架长期搁置，在未检查的情况下不得重新使用。

（七）支架法施工时现浇梁体浇筑应注意的问题

第一，梁体混凝土浇筑分为底板浇筑一次，腹板和顶板浇筑一次，共两次浇筑。

第二，现浇梁施工必须保证保护层强度和布置密度，钢筋加工和安装要准确，顶面高程要严格控制。混凝土浇筑是要由低处向高处进行，注意对称浇筑。在施工过程中应派专人负责支架和模板的变形及沉降观测，发现问题及时处理。现浇梁的浇筑最好安排在白天进行。现浇梁的养护设备和设施必须事先准备妥当，并制订详细的养护方案，确保梁体的混凝土质量。其他要求和施工方法与预制箱梁相同。

（八）混凝土浇筑时应采取的安全措施

第一，施工前，必须搭设好脚手架及作业平台，墩身高度在 2 m~10 m 时，平台外侧应设 1.3 m 的栏杆及上下扶梯。10 m 以上时，应加设安全网。

第二，在箱梁上施工，应遵守高处作业有关规定和施工组织设计的要求。

第三，箱梁上应根据测算，规定人员荷载和堆放材料的限量标准。材料要均匀摆放，不得多人聚集一处。操作平台的水平度、倾斜度应经常检查，发现问题应及时采取措施。

第四，夜间施工应有足够的照明，在人员上下及运输过道处，均应设置固定的照明设施。

第五，主要机具、电器、运输设备等，应定机定人，严格执行交接班制度。接班时必须检查机具一次，并做好记录。

二、悬臂浇筑

（一）挂篮的构成及种类

挂篮是将已浇筑的箱梁段作为支撑点，通过桁架等主梁系统、底模系统，人为创造一个工作平台，是悬浇箱梁的主要设备。

挂篮由主桁架、锚固、平衡系统、吊杆、纵横梁等部分组成。按结构形式可分为桁架式、三角斜拉带式、预应力束斜拉式、斜拉自锚式；按行走方式可分为滑移式和滚动式；按平衡方式可分为压重式和自锚式。

（二）悬臂浇筑施工准备

挂篮设计及加工：应根据梁段分段情况、对挂篮重量的要求及施工经验对挂篮进行认真详细的设计，由工厂或现场根据挂篮设计图纸精心加工而成。

对于 0 号块、1 号块，挂篮没有支撑点或支撑长度不够的，需要采用其他方式浇筑。一般采用扇形托架浇筑。扇形托架由万能杆件、贝雷片或其他装配杆件组成，托架可支撑在桥墩基础承台上或墩身上。托架除须满足承重强度要求外，还需要具有一定的刚度，各连续点应连接紧密，螺栓旋紧，以减少变形，防止梁段下沉和裂缝。

临时固结：对于连续箱梁，梁与墩未固结在一起的，施工时，两侧悬浇施工难以保持绝对平衡，因此必须在施工中采取临时固结措施，使梁具有抗弯能力。临时固结一般采用在支座两侧临时加预应力筋，梁和墩顶之间浇筑临时混凝土垫块。将梁固结在桥墩上，使梁具有一定的抗弯能力。条件成熟时，再采用静态破碎方法解除固结。

（三）悬臂浇筑时预应力的施工规定

第一，预应力管道的安装定位应准确，备用管道和长束的管道应采取措施保证其在使用时的有效性。

第二，对纵向预应力长钢束的张拉，宜通过必要的试验确定其张拉程序和各项参数，张拉持荷时间宜增加 1 倍。当钢束的伸长值不能满足要求时，可采取补张拉或反复张拉的措施，但张拉应力不得超过设计规定的最大控制应力。横向预应力采用一端张拉时，其张拉端宜在梁两侧交错设置。竖向预应力宜采取反复张拉的方式，反复张拉的次数应以钢束的伸长值而定。

第三，对竖向预应力孔道，压浆时应从下端的压浆孔压入，压力宜为 0.3 MPa ~ 0.4 MPa，且压入的速度不宜过快。

（四）悬臂浇筑施工中的注意事项

第一，主梁各部分的长度应充分考虑主梁的形式、跨径、墩宽、挂篮的形式以及施工周期来确定。0 号段长度一般为 5 m ~ 20 m，悬浇分段长度一般为 3 m ~ 5 m。

第二，桥墩顶梁段及桥墩顶附近梁段施工时，可采用托架或膺架为支架就地浇筑混凝土。托架或膺架应经过设计，计算弹性及非弹性变形。

第三，在梁段混凝土浇筑前，应对挂篮（托架或膺架）、模板、预应力筋孔道、钢筋、预埋件、混凝土材料、配合比、机械设备、混凝土接缝处的情况进行全面检查，经确认后方可浇筑。

第四，桥墩两侧梁段悬臂施工进度应对称、平衡，实际不平衡偏差应不超过设计要求值。

第五，悬臂浇筑前端底板和桥面的标高，应根据挂篮前端的垂直变形及预拱度设置，施工过程中要对实际高程进行监测。

第六，安装模板后，应严格核准中心位置及标高，并校正中线。

第七，安装预应力预留管道时，应保证管道连接紧密、管道定位准确。定位钢筋的纵向水平间距不大于 100 cm，曲线段间距不大于 50 cm。

第八，挂篮行走前要测定已完成节段梁端标高，并定出箱梁中轴线。当解除挂篮的后锚固后，挂篮沿箱梁中轴线对称向两端前进，每前进 50 cm 做一次同步观测，防止因挂篮转角、偏位造成挂篮受扭变形。

第九，箱梁梁段混凝土浇筑。可视箱梁截面高度情况采用一次或二次浇筑法。无论采用何种方法浇筑，梁段自重误差应在 ±3% 范围内。

第十，梁段拆模后，应对梁端的混凝土表面进行凿毛处理，以加强接头混凝土的连接。当悬浇梁段分次浇筑混凝土时，若处理不当，会引起挂篮变形，导致先浇筑的混凝土开裂。

第十一，分期浇筑混凝土时，新旧混凝土的结合面应凿毛洗净，还应严格控制相邻两次混凝土浇筑的龄期差，一般在任何情况下不得大于 20 d。

第十二，若在每一梁段施工过程中出现大风预报，应停止施工，确保挂篮的牢固性。

第十三，混凝土浇筑完毕后应进行养护，待养护达到设计强度的 75%，经过孔道检查、修理管口弧度后，即可进行穿束、张拉、压浆和封锚等工作。

（五）悬臂施工过程中，临时固结支撑的措施

第一，将 0 号块梁段与桥墩钢筋或预应力筋临时固结，待解除固结时再将其切断。

第二，在桥墩一侧或两侧设置临时支撑或支墩。

第三，顺桥向用扇形或门式托架将 0 号块梁段临时支撑，待悬浇到至少一端合龙后恢复原状。

第四，临时支撑可用硫黄水泥砂浆块、砂筒或混凝土块等作为卸落设备，以使体系转换时，能较方便地撤除临时支撑。当采用硫黄水泥砂浆块做临时支

撑的卸落设备,并采用高温熔化撤除支撑时,必须在支撑块之间设置隔热措施,以免损坏支座部件。

（六）挂篮安装时的注意事项

第一,挂篮主纵横梁的分联和移动操作应特别精心,以防急剧塌落和倾覆。

第二,浇筑混凝土时,后端应锚固于已完成的梁段上；后锚和移动架可采取保险锚、保险索或保险手拉葫芦等安全措施。

第三,挂篮桁架在已完成的梁段上行走时,应于后端压重稳定。

第四,挂篮桁架行走和浇筑混凝土时的稳定系数,均不得小于1.50。

第五,挂篮组拼后,应全面检查安装质量,并对挂篮进行试压,以消除结构的非弹性变形。挂篮试压的最大荷载一般可按最大悬浇梁段重量的1.3倍考虑。挂篮试压通常采用水箱加压法、试验台加压法及沙袋法。

（七）安装模板后核准中心位置及标高,校正中线

第一,组装模板并校正中线、外模及框架的长度和高度,使其能适应各节段的变化。内模由侧模、顶模和内框架组成,应便于拆模和修改。

第二,如上一节段施工后出现中线或高程误差需要调整时,应在模板安装时予以调整。

第三,模板和前一节段的混凝土面应平整密贴。

（八）箱梁截面混凝土浇筑顺序

第一,浇筑混凝土时,必须从悬臂端开始,两个悬臂端应对称均衡地进行浇筑。

第二,浇筑混凝土时,应加强振捣。高箱梁混凝土施工,可采用内侧模开仓振捣。

第三,在浇筑混凝土的同时,应注意对预应力孔道的保护,浇筑后应及时对管道清孔,以利穿束。

三、装配式施工

（一）装配式桥施工的一般要求

第一，装配式桥的构件在脱底模、移运、存放和吊装时，混凝土的强度应不低于设计规定的吊装强度；设计未规定时，应不低于设计强度的80%。

第二，构件安装前应检查其外形、预埋件的尺寸和位置，允许偏差不得超过设计规定。

第三，安装构件时，支撑结构（墩台、盖梁）的混凝土强度，预埋件（包括预留锚栓孔、锚栓、支座钢板等）的尺寸、高程及平面位置应符合设计要求。

第四，构件安装就位并经检查校正符合要求后，方可焊接或浇筑混凝土固定构件。跨径25 m以上预应力混凝土简支梁的安装，应验算裸梁的稳定性。

第五，对分层、分段安装的构件，应先构建可靠固定且受力较大的接头，混凝土达到设计要求的强度后，方可继续安装；未规定强度时，应达到设计强度的80%后方可继续安装。

第六，分段拼装梁的接头混凝土或水泥砂浆，其强度应不低于构件的设计强度；不承受内力的构件的接缝砂浆，其强度应不低于M10。

（二）构件

1. 构件的场内移运

对后张预应力混凝土梁、板，在施加预应力后，可将其从预制台座吊移至场内的存放台座上，之后再进行孔道压浆，但必须满足下列条件：①从预制台座上移出梁、板仅限一次，不得在孔道压浆前多次倒运。②吊移的范围必须限制在预制场内的存放区域，不得移往他处。③梁、板构件移运时的吊点位置应符合设计规定；设计未规定时，应根据计算确定。构件的吊环必须采用未经冷拉的HPB235钢筋制作，且吊环应顺直。吊绳与起吊构件的交角小于60°时，应设置吊架或起吊扁担，使吊环垂直受力。吊移板式构件时，不得吊错上、下面。

2. 构件的存放

第一，存放台座应坚固稳定，且宜高出地面200 mm以上。存放场地应有相应的防排水设施，并应保证梁、板等构件在存放期间不致因支点沉陷而损坏。

第二，梁板构件存放时，其支点应符合设计规定的位置，支点处应采用垫木和其他适宜的材料进行支撑，不得将构件直接支撑在坚硬的存放台座上；存放时，混凝土养护期未满的应继续养护。

第三，构件应按其安装的先后顺序编号存放，预应力混凝土梁、板的存放时间不宜超过3个月，特殊情况下不应超过5个月。

第四，当构件多层叠放时，层与层之间应以垫木隔开，各层垫木的位置应设在设计规定的支点处，上下层垫木应在同一条竖直线上；叠放的高度宜按构件强度、台座地基的承载力、垫木强度及叠放的稳定性等，经计算确定。大型构件宜为2层，且不应超过3层，小型构件宜为6~10层。

第五，雨季或春季融冻期间，应采取有效措施防止因地面软化下沉而造成构件断裂及损坏。

3. 构件的运输

第一，板式构件运输时，宜采用特制的固定架稳定构件。对小型构件，宜顺宽度方向侧立放置，并应采取措施防止倾倒；如平放，在两端吊点处必须设置支撑方木。

第二，梁的运输应按高度方向竖立放置，并应有防止倾倒的固定措施；装卸梁时，必须在支撑稳妥后才能卸除吊钩。

第三，在采用平板拖车或超长拖车运输大型构件时，车长应能满足支点间的距离要求，支点处应设活动转盘防止挫伤构件混凝土；运输道路应平整，如有坑洼而高低不平时，应事先处理平整。

第四，水上运输构件时，应有相应的封舱加固措施，满足水上（海上）作业的相关安全规定，并根据天气状况安排装卸和运输作业时间。

（三）简支梁、板

1. 简支梁、板的安装

第一，安装前应对墩台的施工质量进行检验，并对支座或临时支座的平面位置和高程进行复测，合格后方可进行梁、板等构件的安装。

第二，安装的方法和安装设备宜根据构件的结构特点、重量级施工环境条件等综合确定，并应制订专项施工技术方案、安装工艺及安全技术方案，对安装设备的强度、刚度和稳定性进行必要的验算。

第三，在采用架桥机进行安装作业时，其抗倾覆稳定系数应不小于1.3；架桥机过孔时，应将起重小车置于对稳定最有利的位置，且抗倾覆稳定系数应不小于1.5。

第四，采用吊机吊装构件时，应采用1台吊机起吊，应在吊点位置的上方设置吊架或起吊扁担；如采用两台吊机抬吊，应统一指挥，协调一致，使构件的两端同时起吊、同时就位。

第五，梁、板安装施工期间及架桥机移动过孔时，严禁行人、车辆和船舶在作业区域的桥下通行。

第六，梁、板就位后，应及时设置保险垛或支撑，将构件临时固定。对横向自稳定性较差的T型梁和I型梁等，应与先安装的构件进行可靠的横向连接，防止倾倒。

第七，安装在同一孔跨的梁、板，其预制施工的龄期差不宜超过10 d。梁、板上有预留孔道的，其中心应在同一轴线上，偏差应不大于4 mm。梁、板之间的横向湿接缝，应在一孔梁、板全部安装完成后方可进行施工。

第八，对弯、坡、斜桥的梁、板，其安装的平面位置、高程及几何线形应符合设计要求。

2. 先简支后连续的梁，施工时的注意事项

第一，先简支安装的梁，应设置临时支座进行支撑。在一片梁中，临时支座顶面的相对高差不应大于2 mm。

第二，简支变连续的施工程序应符合设计规定，且应在一联梁全部安装完成后，进行湿接头混凝土的浇筑。

第三，对湿接头处的梁端，应按施工缝的要求进行凿毛处理。永久支座应在设置湿接头底模之前安装。湿接头处的模板应具有足够的强度和刚度，与梁体的接触面应密贴并具有一定的搭接长度，各接缝应严密不漏浆。负弯矩区的预应力管道应连接平顺，与梁体预留管道的接合处应密封，预应力锚固区预留的张拉齿板应保证其外形尺寸准确且不被损坏。

第四，湿接头的混凝土宜在一天中气温相对较低的时段浇筑，且一联中的全部湿接头应一次浇筑完成。湿接头混凝土的养护时间应不少于14 d。

第五，湿接头按设计要求施加预应力、孔道压浆且浆体达到规定强度后，应立即拆除临时支座，按设计规定的顺序完成体系转换。同一片梁的临时支座

应同时拆除。

四、桥面系施工

（一）桥面铺装层施工技术

桥面铺装对桥梁的总体质量有着直接影响。行车安全和桥面耐久性都与桥面铺装的好坏有直接关系。常用的桥面铺装主要有沥青桥面铺装和混凝土桥面铺装。

1. 沥青混凝土桥面铺装

第一，大中型水泥混凝土桥桥面铺筑的沥青铺装层，应满足与混凝土桥面的黏结、防止渗水、抗滑及有较高抵抗振动变形的能力等功能要求，并设置有效的桥面排水系统。

第二，铺装沥青层的下卧层必须符合平整、粗糙、整洁的要求，桥面纵横坡符合要求。

第三，水泥混凝土桥面板表面应做铣刨拉毛处理，清除浮浆，除去过高的突出部位。

第四，铺设桥面铺装必须确保混凝土完全干燥，严禁在潮湿条件下铺设防水黏结层及摊铺沥青混合料，防止混凝土中的水分在施工或使用过程中遇热变成水汽使防水黏结层产生鼓包。

第五，喷洒沥青或改性沥青类桥面防水黏结层的施工应符合下列要求：①整个铺筑过程直至铺设石屑保护层前，严禁包括行人在内的一切交通。②不洒黏层油，直接分2~3层喷洒或人工涂刷热沥青或溶剂稀释的改性沥青。改性乳化沥青的防水黏结层，必须均匀一致，达到要求的厚度。③喷洒防水层黏结后应立即撒布一层洁净的尺寸为3 mm~5 mm的石屑做保护层，并用6 t~8 t轻型压路机以较慢的速度碾压。④桥面铺装的复压宜采用轮胎压路机或钢筒式压路机进行，经试验或经验证明不致损坏桥梁结构时，也可采用振动压路机碾压。⑤必要时采用改性沥青。⑥桥面铺装和土石方路基、桥头塔板上的路面应连接平顺，采取措施预防桥头跳车。

2. 水泥混凝土桥面铺装

（1）钢筋混凝土桥面铺装

桥面和搭板钢筋网的加工、焊接和安装的质量要求，应符合下列规定。

第一，所有桥梁、通道钢筋混凝土桥面铺装层均应在梁板混凝土顶面安装锚固架立钢筋，再将钢筋网与锚固架立钢筋相焊接；锚固架立钢筋应有 4~8 根/米。在梁端或支座部位剪应力较大处取大值；反之可取小值。桥面铺装层钢筋网应使用焊接网或预制冷轧带肋钢筋网，不宜使用绑扎钢筋网。

第二，钢筋混凝土桥面极限最薄厚度不得小于 90 mm。桥面铺装层钢筋网不得贴梁板顶面，也不得使用非锚固钢筋网支架和砂浆垫块。

第三，采用双层钢筋网一次铺装时，除底层钢筋网应与梁板锚固焊接外，上、下层钢筋网亦应焊接。分双层两次铺装的钢筋混凝土桥面，防水找平层中应设置一层钢筋网，横向钢筋位于纵向钢筋之下，横向钢筋直径、数量和间距不宜小于纵向，并应与梁板锚固筋相焊接。上层钢筋网可不与下层钢筋网焊接，但应与锚固在找平层混凝土中的架立钢筋相焊接。上层钢筋网设置应满足抗裂要求，钢筋宜细不宜粗，间距宜密不宜疏。

第四，桥面板应在梁端或负弯矩欲切缝部位，按设计要求使用接缝钢筋补强。桥面接缝补强钢筋的直径不宜小于 12 mm；长度不宜短于 1.2 m 或按负弯矩影响范围确定。

第五，桥面钢筋网应在整个桥面铺装层内连续，不得因铺装宽度不足或停工而切断纵、横向钢筋。

第六，路面与桥涵相接的两条胀缝，一条应位于搭板与过渡板之间，另一条应设在过渡板与普通混凝土路面之间。钢筋混凝土搭板及过渡板端部钢筋应与胀缝钢筋支架相焊接，焊接点不应少于 4 个/米。也可在双层钢筋混凝土搭板一侧取消胀缝支架，直接利用双层钢筋网，并增加箍筋，箍筋数量不得少于胀缝钢筋支架。

（2）钢纤维水泥混凝土桥面铺装

钢纤维混凝土路面的布料与摊铺除应满足滑模、轨道和三辊轴机组摊铺普通混凝土路面的规定外，还应符合下列规定：①所采用的各种机械布料与摊铺方式，应保证面板内钢纤维分布的均匀性及结构连续性，在一块面板内的浇筑和摊铺不得中断。②布料松铺高度应通过试铺确定。当拌和物坍落度相同时，宜比相同机械施工方式的普通混凝土路面松铺高度高 10 mm 左右。③钢纤维混凝土拌和物应与所选定的摊铺方式相适应。

钢纤维混凝土路面的振捣与整平：①采用的振捣机械和振捣方式除应保证钢纤维混凝土密实性外，还应保证钢纤维在混凝土中分布的均匀性。②除应满足各交通等级路面平整度的要求外，整平后的面板表面不得裸露上翘的钢纤维，表面 10 mm~30 mm 深度内的钢纤维应基本处于平面分布状态。③采用滑模摊铺机、轨道摊铺机铺筑钢纤维混凝土路面时，振捣棒组的振捣频率不宜低于 10 000 r/min，振捣棒组底缘应严格控制在面板表面位置，不得将振捣棒组插入路面钢纤维混凝土内部振捣。④采用三辊轴机组摊铺钢纤维混凝土路面时，不得将振捣棒组插入路面钢纤维混凝土内部振捣，也不得使用人工插捣。可采用大功率平板式振捣器振捣密实，再采用振动梁压实整平。振动梁底面应设凸棱以利表层钢纤维和粗骨料压入，然后用三辊轴整平机将表面滚压平整，再用 3 m 以上刮尺、刮板或抹刀纵横向精平表面。

3. 钢桥面铺装

钢桥面铺装必须具有以下功能性要求：①能与钢板紧密结合成为整体，变形协调一致。②防水性能良好，防止钢桥面生锈。③具有足够的耐久性，有较小的温度敏感性，满足使用条件下的高温抗流动变形能力、低温抗裂性能、水稳定性、抗疲劳性能以及表面抗滑的要求。④与钢板黏结良好，具有足够的抗水平剪切重复荷载及蠕变变形的能力。

钢桥面铺装结构通常由防锈层、防水黏结层、沥青面层等组成。在涂刷防水层前，应对钢板焊缝和吊钩残留物彻底清扫、平整、除锈、干燥。钢桥面铺装的防水黏结层必须紧跟防锈层后涂刷，防水黏结层宜采用高黏度的改性沥青、环氧沥青、防水卷材。当采用浇筑式沥青混凝土铺筑桥面铺装时，可不设防水黏结层。钢桥面铺装使用的改性沥青，宜单独提出相应的技术要求。沥青层的压实设备和压实工艺，应通过力学验算并经试验验证，防止钢桥面主体受损。铺设过程中必须保持桥面整洁，不得堆放与施工无关的材料、机械、杂物。宜在无雨少雾季节的干燥状态下进行钢桥面铺装施工。

（二）伸缩缝安装施工技术

桥梁伸缩装置是为了使车辆平稳通过桥面并满足桥面变形的需要，在桥面伸缩接缝所设置的各种装置的总称。目前，我国常用的伸缩装置按传力方式和构造特点大致可分为钢制支撑式、橡胶组合剪切式等类型，以下将介绍几种常用的伸缩装置的具体安装施工方法及要求。

1. 钢板伸缩装置施工

（1）梳形钢板伸缩装置

梳形钢板伸缩装置由梳形板、锚栓、垫板、锚板、封头板及排水槽等组成，有的还在梳齿之间填塞合成橡胶，起到防水的作用。

安装梳形钢板伸缩装置时，应首先按设计高程将锚栓埋入预留孔内，然后焊接锚板，并且调整封头板使之与垫板齐平，最后再安装梳形板和浇筑混凝土。安装程序为：桥面整体铺装→切缝→缝槽表面清理→将构件放入槽内→用定位角铁固定构件位置及高程→布设焊接锚固筋→在混凝土接缝表面涂底料→浇筑树脂混凝土→及时拆除定位角铁→养护→填缝→结束。

（2）滑动钢板伸缩装置

滑动钢板伸缩装置，一侧用螺栓锚定牵引板，另一侧搁置在桥台边缘处的角钢上，角钢与牵引板间设置滑板，用钢板的滑动适应结构的伸缩。缝间可填充压缩材料或加设盖板。滑动钢板通过橡胶垫块始终紧压在护缘角钢上，这样既消除了不利的拍击作用，又显著减小了车辆的冲击影响。

2. 橡胶伸缩装置施工

橡胶伸缩装置是指伸缩体采用橡胶构件的伸缩装置。伸缩体所用的橡胶具有良好的耐老化、抗腐蚀的性能，将其嵌入型钢制成的槽内，可使橡胶在气温升降变化时始终保持受压状态。这类装置具有构造简单、伸缩性好、防水防尘、安装方便、价格低廉等优点，伸缩量为 30 mm~50 mm，一般用于低等级公路的中小桥梁。

施工安装程序：①安装准备。清理梁端、顶面凿毛、各梁伸出不齐者应予以修整，以利于设置端模板。②立端模板。两端模板要用小木楔挤紧。木楔横桥向尺寸应尽量小，以使其在梁伸长时能被挤碎，缩短时可自由脱落，模板由下面设法取出。模板应尽量薄，顶端削成45°角，楔子应打入适当深度，使其顶部不阻碍胶条压缩时向下凸变。③左侧型钢定位。将左侧型钢组件焊好后，按设计要求用定位钢筋点焊于架立钢筋上，然后对胶条相互接触的表面进行除锈去油污等清理工作。④涂胶、对合、加压、右侧型钢定位。对右侧型钢与胶条相互接触的表面进行除锈去油污等清理工作，并将橡胶伸缩条两侧胶面打毛，然后再涂上202或203胶水，立即对合。用特别夹具加压至计算的安装定位值后，再用与左侧同样的方法点焊定位。定位完毕拆除所有夹具。⑤浇筑混凝土。定位完毕，伸缩装置两侧各浇宽50 cm的C30混凝土，并注意养护。

（三）桥面防排水

1. 铺设桥面防水层注意事项

防水层材料经过检查，在符合规定标准后方可使用；防水层通过伸缩缝或沉降缝时，应按设计规定铺设；防水层应横桥向闭合铺设，底层表面应平顺、干燥、干净。防水层不宜在雨天或低温下铺设；当水泥混凝土桥面铺装层采用油毡、织物与沥青黏合的防水层时，应设置隔断缝。

2. 防水卷材防水层的铺筑要求

防水卷材应符合相关质量要求，无破洞、不漏水，内部有金属或聚合物纤维，表面有均匀的石屑撒布层。铺筑的防水黏结层不得有漏铺、破漏、脱开、翘起、皱折等现象；铺设前应喷洒黏层油和涂刷黏结剂，铺筑时边加热边滚压，黏结后必须检查确认任何部位都不能被人工或铁锹撕、揭开；铺设卷材后不得通行任何车辆或堆放杂物，防止卷材被污染；防水卷材防水层不得在摊铺机或运料车作用下遭到损坏。

3. 泄水管注意事项

泄水管应伸出结构物底面100 mm~150 mm；在桥下有道路、铁路、航道等不宜直接排水的情况下，可将泄水管通过纵向及竖向排水管道直接引向地面，或按设计文件要求办理。要求管道要有良好的固定装置，如锚定轨及抱箍等预埋件。

第五章 公路工程项目成本管理

第一节 公路工程项目成本管理概述

一、成本的概念及其作用

(一)成本的概念

对于成本,不同学术机构给出了不同的概念。我国学者普遍认为,企业为生产经营商品和提供劳务等发生的各项直接支出,包括直接工资、直接材料、商品进价以及其他直接支出,直接计入生产经营成本。企业为生产经营商品和提供劳务而发生的各项间接费用,分配计入生产经营成本。美国会计学会认为,成本是指为达到特定目的而发生的或应发生的价值牺牲,它可以用货币单位衡量。这两个成本概念并没有本质区别,只是我国的成本概念较为具体,而美国会计学会的成本概念更具有普遍性。在市场经济环境下,成本属于价值范畴,是商品价值的重要组成部分。

根据马克思主义政治经济学原理可知,商品价值可以用以下公式表述:

$$W=C+V+M$$

其中：C—商品中的物化劳动的价值；V—劳动者为自己的劳动所创造的价值；M—劳动者为社会劳动所创造的价值；(C+V)—生产成本。

上式表明了商品价值与成本之间的关系。成本是商品价值的重要组成部分，是为了获得某种产品，在生产经营中所发生的人力、物力和财力的耗费。其实质是以货币表现的、为生产产品所消耗的、物化劳动的转移价值和活劳动的转移价值之和。

成本的价值构成又包括以下三个方面：①制造产品所耗费的物化劳动的转移价值，包括已消耗的原材料、燃料等劳动对象的价值；②劳动者活劳动的转移价值，包括支付给职工的工资、福利费、奖金、津贴、补贴等；③劳动者活劳动创造的价值，包括上缴给国家的税金和企业形成的利润等。

（二）成本的作用

成本是补偿生产耗费的尺度，是确认资源消耗和补偿水平的依据。为了保证再生产的不断进行，企业在生产过程中消耗的各种费用必须计入成本，这些资源消耗必须得到补偿。企业只有使收入大于成本才能盈利，而企业盈利则是保证满足整个社会需要和扩大再生产的主要源泉。因此，成本作为补偿尺度的作用对经济发展具有重要的影响，具体如下。

1. 成本是企业经营管理水平的综合反映

当前，我国的公路施工企业面临着非常激烈的市场竞争，能否在市场竞争中立于不败之地，关键在于企业能否为社会提供质量高、工期短、造价低的建筑产品。而作为公路施工企业，能否获得较大的经济效益，关键在于有没有低廉的成本。因此，公路施工企业在项目实施中，要以较少的物质消耗和活劳动消耗来创造较大的价值，才能通过获取工程款，以收抵支并有所盈利。可见，成本是衡量企业经营管理水平的一个综合性指标。

2. 成本是制定产品价格的重要依据

企业生产的产品，只有通过制定合理而有竞争性的价格，才能使成本得到补偿并取得盈利。制定产品价格，要综合考虑各方面的因素。在社会主义市场经济条件下，产品价格的制定既应体现价值规律的要求，还要遵守国家的价格政策。目前产品价值还难以直接精确计算，但可以通过计算产品成本来间接地、相对地反映产品价值。因此，成本是制定产品价格的重要依据。

3.成本是企业进行经营决策、实行经济核算的重要手段

公路施工企业在生产经营过程中，对于重大问题的决策，必须全面地进行技术经济分析，其中决策方案的经济效果是技术经济分析的重点，而产品成本是考查和分析决策方案的经济效果的重要指标。企业各方面活动的经济效果，如资金周转的快慢、原材料消耗的多少等，都能由成本直接反映出来，所以成本是经济核算的基本内容。

二、项目成本管理

项目的成本管理，就是在规定的时间内，为保证实现项目的既定目标，对项目所发生的费用支出所采取的各种措施，也就是在工程项目实施过程中对所发生的成本支出有组织、有系统地进行预测、计划、控制、核算、考核、分析等一系列的科学管理工作。其主要内容如下。

（一）资源计划编制

确定完成项目各种活动所需的资源（人、财、物等）的种类，以及每种资源的需要量。同时，在组织上落实成本目标的控制者，明确工程项目的管理者对项目成本的职能分工。

（二）成本估算与预算

编制一个为完成项目各种活动所需的资源成本的近似估算，将总成本估算分配到各单项工作上。

（三）成本控制

编制成本控制计划，将施工预算和项目预算成本同实际成本进行比较分析，使实际成本控制在预算成本之内。采取技术措施控制项目成本，主要从确定施工方案、采取技术措施、提高交付使用率等方面着手进行。

（四）实行计划与资金的动态管理

随时了解并掌握实际成本和计划之间的动态关系，适时调整计划、调整决策，使资金使用更加合理、更有效率。

（五）认真审核组成工程成本的每一笔款项的支付

审核其内容是否在支付范围内，数额是否计算正确、是否留有余地，支付时间是否合适，支付对象是否为合同当事方等。

（六）尽量杜绝或减少赔偿事件的发生

尽量减少指挥和决策的失误，提前发现设计图中的问题并在施工前解决，平时多积累相关的原始资料，如往来文件、指令、施工日志、气象资料、质量隐患记录、整改通知、政府的有关文件和法规等，作为发生赔偿事件纠纷时的依据。

（七）纵览全局，全方位控制

合理组织施工、提高施工质量、加快工期、减少质量事故的发生、减少返工、安全生产、文明施工等均可从另一个侧面相对地降低项目成本。以上这些过程之间彼此独立、相互间有明确界线，但它们在实践中仍然会交叉重叠、相互影响、相互作用。所以，要加强协调工作，以确保项目成本得到有效控制。

三、公路工程项目成本的构成及影响因素

（一）公路工程项目成本的构成

根据公路工程项目成本管理的需要，我们可以从不同角度将工程施工项目成本划分为不同的类别。

按成本发生的时间来划分，施工项目成本可分为预算成本、计划成本和实际成本。预算成本可以反映建筑施工企业的平均成本水平，是确定工程造价的基础，是编制计划成本和评价实际成本的依据。计划成本是施工项目经理部根

据计划期的有关资料，在实际成本发生前预先计算的成本，是考虑成本降低措施后的成本计划数，是反映计划期内应达到的成本水平。实际成本是工程施工项目在计划期内实际发生的各项成本费用的总和。将实际成本与计划成本比较，可反映成本的节约与超支情况；将实际成本与预算成本比较，可以反映工程施工项目的盈亏情况。

按成本的性质来划分，施工项目成本可分为直接成本和间接成本。直接成本指直接用于工程施工并能直接计入工程对象的费用，包括人工费、材料费、机械设备使用费、分包费，以及其他直接费用等。间接成本是指非直接用于工程施工也无法直接计入工程对象，但为进行工程施工所必需发生的费用，通常是按照直接成本的比例计算。即项目经理部为施工准备、组织和管理施工生产所发生的全部施工间接费支出。按照现行的《公路工程建设项目概算预算编制办法》，间接成本以现场经费的形式体现。

按施工项目成本费用目标来划分，施工项目成本还可分为生产成本、质量成本、工期成本和不可预见成本。施工项目成本的构成包括以下具体内容。

直接工程费，包括人工费、材料费、施工机械使用费。

其他工程费，包括冬季施工增加费、雨季施工增加费、夜间施工增加费、特殊地区施工增加费、行车干扰工程施工增加费、安全及文明施工措施费、临时设施费、施工辅助费、工地转移费等。

规费，包括养老保险费、失业保险费、医疗保险费、住房公积金、工伤保险费等。

企业管理费，包括基本费用、主副食运费补贴、职工探亲路费、职工取暖补贴、财务费用等项。

（二）公路工程项目成本的影响因素

影响公路工程项目成本的因素很多，主要有以下几个方面。

1. 招投标对成本的影响

对于施工企业和施工项目部来讲，合理的标价是企业和项目得以生存和发展的首要条件。由于公路建设规模大、周期长，建设资金都相对紧张，不能满足按正常建设概预算编制所需的资金需求，所以建设单位（或业主）在公路工程项目招标过程中，多采用最低价中标的评标办法，工程最终中标价都远低于正常预算价。由于市场竞争愈加激烈，在招投标过程中，各投标单位为了能够中标，竞相压低报价，使得工程造价也不断降低。这对于建设项目单位（或业主）来讲是比较有利的，可以尽可能地降低建设资金的消耗；但对于施工企业和施工项目来讲，低于成本价中标是非常不利的，不仅会给企业和项目带来严重亏损的风险，还会影响工程质量，甚至使施工企业的信誉受损。

因此，在招投标的过程中，施工企业必须充分考虑企业自身的技术和经济实力、自身管理水平、市场价格等各因素，应以合理的标价中标。只有这样，企业和项目才有管理的立足点，才能从管理中要效益，成本管理也才能发挥其效果。

2. 施工组织方案对成本的影响

施工组织方案，主要是指企业为完成项目施工目标，如进行工、料、机及资金等资源配置，采取何种施工方法（特别是冬季和雨季施工以及技术复杂的情况下的特殊施工方法）、施工程序（施工顺序及工序之间的衔接），决定采用哪些新技术、新工艺、新材料和新设备，实施哪些技术保证措施、质量保证措施、工期和安全保证措施等多项内容的计划方案。

工程项目中标后，施工单位必须结合施工现场的实际情况来制订技术上先进可行、经济上合理、施工安全有保证的施工组织方案。由于施工组织方案涉及内容较为广泛，并且涵盖了项目施工的整个过程，其中任何一项内容不合理，都会对施工项目成本产生影响。同时，在项目施工的过程中，对于出现的新情况和新问题要及时分析其原因，并对施工组织方案进行修正和调整，从而实现项目管理和成本管理的目标。

3. 施工进度对成本的影响

一个工程项目能否在预定的时间内交付使用，直接关系到投资效益的发挥。因此，对工程项目施工进度进行有效的控制，使其顺利达到预定的目标，是施工项目管理实施过程中一个必不可少的环节。

进度控制的最终目的是确保项目施工进度目标的实现，工程项目施工进度控制的总目标是建设工期。合理制订施工进度目标并确保其实现，往往对项目的经济效益具有很大的影响。进度加快，要比原计划加大人力、物力、财力等资源的投入，增加直接成本，但间接成本则可能降低；但是若为了减少资源的投入，一些工程施工的直接成本降低，容易造成施工进度延缓，则有可能会影响项目的交付使用，即总工期延长了，同时可能造成其他成本费用的增加而得不偿失。所以施工进度与项目施工成本必须同时兼顾，在项目实施的各个阶段分别制订进度计划并付诸实施，对出现的偏差及时进行分析和调整，同时也要将因此而发生的变动成本控制在最小的范围之内，从而达到施工项目的既定目标。

4. 工程质量对成本的影响

"百年大计，质量第一"是人们对建设工程质量重要性的高度概括。工程质量是基本建设效益得以实现的保证。尽管工程项目施工的质量问题已越来越受到重视，但每年因质量问题而造成的施工项目停工、返工，甚至出现重大事故的反面事例层出不穷。究其原因，主要可以归结为施工企业对工程质量与成本的关系认识不足，片面追求项目施工成本最低而忽视工程质量。这种质量成本不仅给企业甚至国家造成了人力、物力、财力上的巨大浪费，还给企业在市场中的竞争和生存能力带来了巨大影响。

从整体和长远来看，提高工程质量与降低工程成本是统一的，没有质量就没有效益。施工项目必须建立健全质量保证体系、质量管理制度等，强化全员质量意识，积极推行全面质量管理方法，规范质量管理工作；要加强质量成本控制，坚持"预防为主"的原则，适当增加预防费用和检验费用，将质量隐患消灭在萌芽状态，以减少或避免因工程质量不合格而造成的内部返工损失和外部索赔损失。

5. 资金状况对成本的影响

一方面，由于建设单位（或业主）工程款支付不到位或者施工单位的资金垫付能力差而投入不足，会造成施工项目经理部的资金短缺。出现这种情况，往往会使项目所需的原材料和机械设备供应发生问题，从而影响工程进度、延长工期，造成施工成本的增加。另一方面，即使项目靠赊账或欠款暂时保证了物料供应和费用支付，也会增加资金的时间成本，因为各种成本费用不按期支付的代价会高于现期支付的代价，造成施工成本的增加。

6. 施工安全对成本的影响

施工安全涉及施工现场所有的人、物和环境。凡是与生产有关的人、材料、机械设备、设施工具等所有因素都与安全生产有关。安全管理工作贯穿于工程项目施工生产的全过程，存在于每个分部分项工程及每道工序中。施工安全管理是否到位，安全管理活动是否发挥了作用，对施工项目的各项经营管理活动，如施工进度、施工质量、施工成本，以及施工项目的最终效益等，都会产生很大的影响。通过控制生产要素具体的状态，减少或消除生产要素的安全隐患，避免引发事故，尤其是引发使人受到伤害的事故，不仅可以减少不必要的资源消耗、降低成本，也会使施工项目效益目标的实现得到充分保证。

7. 变更与索赔对成本的影响

变更指的是合同变更，它包括工程设计变更、施工方法变更、工程量的增减等。对于公路施工项目实施过程来说，变更是客观存在的。特别是当工程量变化超出招标时工程量清单的20%以上时，可能会导致项目经理部的施工现场人员不足，需增加人工的投入，也可能会导致项目经理部的施工机械设备失调。工程量的增加，往往要求项目经理部增加机械设备数量。人工和机械设备的需求增加则会引起项目部额外的支出，这样就会扩大工程成本。反之，如果工程项目被取消或工程量大减，又势必引起项目经理部原有人工和机械设备的窝工和闲置，造成资源浪费，导致项目的亏损。

索赔是施工项目成本管理中非常重要的组成部分，是指承包商在履行合同的过程中，对于在并非因自己过错而是由对方承担责任的情况下造成的实际损失，向对方提出经济补偿的要求。公路建设工程往往具有工期长、规模大、技术复杂等特点，在施工过程中，由于受到征地拆迁滞后、基础施工地基条件不确定、气候条件复杂多变，以及市场波动等与设计文件和工程承包合同不相符的因素的影响，会造成工程量的增加、工程进度延缓甚至临时停工或施工中断，从而导致成本费用增加。

随着工程建设管理的规范化，做好变更索赔管理越来越成为体现施工项目成本控制水平的重要内容。工程变更索赔形成于施工的全过程、全方位，是施工项目挽回成本损失、增加企业效益的重要手段。因此，要使施工项目产生经济效益，必须重视变更索赔工作。

8. 物价变动对成本的影响

在愈加激烈的市场竞争中，公路施工企业要想立于不败之地，必须充分掌握市场动态、广泛组织经营活动，以尽可能少的资源消耗完成满足要求的建设工程项目。而价格是市场中最活跃的因素，它能够灵敏地反映市场供求状况和动向。施工项目经理部要在约定工期内完成工程项目的施工，必须投入大量的人力、物力和财力，而市场价格的变动则会直接影响施工项目的成本费用。

9. 环境因素对成本的影响

公路工程建设势必造成一定的环境资源损失。为了保护公路周边的自然生态环境、维持和恢复自然生态平衡，公路施工企业应该合理利用土地资源、增强环境保护意识，在施工过程中采取有效的环保措施，注意科学管理规范施工，努力避免因破坏环境导致施工成本增加。比如，有些施工企业不按设计乱采乱挖取土场，乱倒工程垃圾和废料，阻塞河道，污染水源、土壤等行为，势必增加环境恢复的费用，造成成本增加。

10. 企业管理水平对成本的影响

施工企业作为市场的主体，处在日益激烈的竞争中，其生存与否完全取决于其对市场的适应能力，所以施工企业的经营管理水平必须满足市场竞争的需要。一个企业如果没有先进的管理理念、科学的管理方法、有效的管理制度，想获得经济效益是不可能的。而成本管理作为企业经营管理系统的一个部分，其效果的好坏直接反映企业经营管理水平的高低。由于公路建设项目具有一次性的特点，管理活动贯穿施工过程的始终，任何一个环节的纰漏都可能造成工程项目成本的增加。因此，要降低成本，提高项目的经济效益，必须提高企业管理者素质和整体管理水平。

四、公路工程项目成本管理的基本原则

公路工程项目成本管理原则是企业成本管理的基础和核心，施工项目经理部在进行成本控制时，必须遵循以下基本原则。

（一）成本最低化原则

施工项目成本控制的根本目的是通过成本管理的各种手段，促进施工项目成本不断降低，以达到可能实现最低目标成本的要求。在实行成本最低化原则时，应注意降低成本的可能性和合理的成本最低化。一方面挖掘各种降低成本的能力，使可能性变为现实；另一方面要从实际出发，制订通过主观努力可能达到的合理的最低成本水平。

（二）全面成本管理原则

全面成本管理是对全企业、全员和全过程的管理，亦称为"三全"管理。项目成本的全员控制有一个系统的实质性内容，包括各部门、各单位的责任网络和班组经济核算等。项目成本的全过程控制要求成本控制工作随着项目施工进展的各个阶段连续进行，既不能疏漏，又不能时紧时松，应使施工项目成本自始至终置于有效的控制之下。

（三）动态控制原则

施工项目是一次性的，成本控制应强调项目的中间控制，即动态控制。因为施工准备阶段的成本控制只是根据施工组织设计的具体内容确定成本目标、编制成本计划、制订成本控制的方案，为今后的成本控制做好准备；而竣工阶段的成本控制，由于成本盈亏已基本成定局，即使发生了误差，也已来不及纠正。

（四）开源与节流相结合的原则

成本控制的目的是提高企业的经济效益，其途径包括降低成本支出和增加预算收入两个方面。这就要求在成本形成过程中，一方面以收入确定支出，定期进行成本核算和分析，以便及时发现成本节超的原因；另一方面加强合同管理，加大工程变更索赔的工作力度，及时办理合同外价款收入的结算，以提高施工项目成本管理的水平。

（五）目标管理原则

目标管理的内容包括：目标的设定和分解，目标的责任到位和执行，检查目标的执行结果，评价目标和修正目标，以及形成目标管理的计划、实施、检查、处理循环，即 PDCA 循环。

（六）责、权、利相结合的原则

在公路工程项目施工过程中，项目经理部，各部门、各施工班组在肩负成本控制责任的同时，也享有成本控制的权力。项目经理部要对各部门、各施工班组在成本控制中的绩效进行定期的检查和考评,与奖惩制度挂钩,实行奖优罚劣,促进和调动所有员工参与成本管理的积极性。只有真正做好责、权、利相结合,才能真正发挥成本管理的作用。

第二节　公路工程项目成本管理的组织结构

一、公路工程项目部组织结构

公路施工项目的成本控制,不只是专业成本员的责任,所有的项目管理人员,特别是项目经理,都要按照自己的业务分工各负其责。如此强调成本控制,一方面是因为成本控制的重要性,成本控制是企业赢得市场竞争力的必要指标之一;另一方面在于成本指标的综合性和群众性,既要依靠各部门、各单位的共同努力,又要由各部门、各单位共享降低成本的成果。为了保证项目成本控制工作的顺利进行,需要把所有参加项目建设的人员组织起来,并按照各自的分工开展工作。建立以项目经理为核心的项目成本组织结构,是现代项目管理的特征之一。实行项目经理负责制,就是要求项目经理对项目建设的进度、质量、成本、安全和现场管理标准化等全面负责。公路施工项目特别要把成本控制放在首位,因为成本失控,必然影响项目的经济效益,导致预期的成本目标难以完成。

（一）公路项目的工作分解结构和成本编码

工作分解结构和成本编码是进行成本管理各项活动及管理信息沟通的基础,它们可以为系统的综合和控制提供有效手段。

1. 工作分解结构

工作分解结构（WBS）是一种将项目层层细分、不疏漏任何工作内容的技术。将WBS用于成本计划时,就是把整个工程项目逐层分解为内容单一、便于进行成本区间估算的子项或工作。它以施工图设计为基础，以公路施工企业做出的项目施工组织设计及技术方案为依据。从项目成本预测和计划开始，WBS就应该得到很好的应用，因为成本预测的基础是人们对项目内容的准确认识，只有不遗漏任何工作，才能谈及成本预测的精确性的高低。不使用WBS或其应用不正确都可能导致成本计划和控制的缺陷。而有着很好的WBS，就可以进行相应的成本编码，方便计算机进行数据处理，并能够系统地进行成本控制。

2. 成本编码

为了使成本管理规范化、标准化，成本对象的划分也应标准化，这种标准化包括许多内容，其中成本编码是一种主要手段。特别是在利用计算机进行数据处理的过程中，对不同角度的成本项目采取不同的编码，更有利于提高管理工作的效率。成本编码是在WBS的基础上设计的，它必须与WBS保持一致，以便在施工过程中完成成本数据的收集和成本状态的识别。成本编码的具体编制方法应由成本管理有关部门制定，并作为一套统一的标准使用。它因施工单位的不同而有所不同，但成本编码的原则是要简单明了，并且具有一定的灵活性，以便用于成本条款增加的项目。成本编码可对某一工作的成本进行编码，也可具体到该工作的人工费、材料费或机械费。

（二）公路项目的成本管理责任制

项目管理人员的成本责任不同于工作责任。有时工作责任已经完成，甚至完成得相当出色，但成本责任却没有完成。

以下对公路建设项目成本部分管理责任展开分析。项目经理在公路建设项目中的工作千头万绪，如项目的质量、进度、安全、成本管理等，然而，项目最终落脚点是要创造效益，质量、进度、安全等管理要素不应以牺牲成本为代价。项目经理应该在原有责任分工的基础上，进一步明确成本责任，使每一个项目管理人员都有这样的认识：在完成工作责任的同时，要为降低成本精打细算，为节约成本开支严格把关。这里所说的成本管理责任制，是指各项目管理人员在处理日常业务中对成本管理应尽的责任。项目经理应联系实际把项目的成本控制目标整理成文，层层分解，并作为一种制度加以贯彻。因此，项目经理要对工程项目成本管理全权负责，从成本的管理点切入，来合理制订质量、进度和安全等项的施工管理计划与措施，确保项目成本管理目标的实现，使项目效益最大化。

合同预算员是公路施工项目增收节支把好第一关的责任人。在公路建设项目确定后，合同预算员应根据公路项目成本的总体目标与要求，收集工程变更资料，配合项目经理参与对外经济合同的谈判和决策，深入研究合同规定的"开口"项目。比如，要对项目管理中的工程师、材料员等人的工作责任和成本责任仔细区分，并得到相关人员的大力配合，严格控制经济合同的数量、单价和金额，切实做到"以收定支"，集合多种有利因素来努力增加工程收入。工程技术人员认真负责贯彻工程技术规范，能对保证工程质量起到积极的作用。虽然施工应强调质量、安全第一，采用新的工艺、新的材料、新的施工方法等，但在实施这些新技术的过程中，要对影响项目成本的主要因素展开论证和分析，避免成本超支。

质量成本和安全成本要贯穿项目工程技术人员的全过程。没有优良的质量，就没有节约的成本；减少安全事故，就是创造了效益。所以，工程技术人员要严格执行工程技术规范和以预防为主的方针，确保工程质量；要严格执行安全操作规程，减少一般安全事故，消灭重大人身伤亡事故和设备事故，为节约成本创造条件。

材料员对公路工程成本的影响是显而易见的，材料员要采购和构件加工，要检验核对到场的材料，及时组织材料、构件的供应，控制材料损耗，对租赁的材料进行清点和妥善保管，并合理安排材料储备，减少资金占用，提高资金利用效率等。在一些公路建设项目中，由于对材料的管理不善，造成了惊人的浪费。比如，材料采购时就远不就近、就次不就好、就高不就低，既增加了采购成本，又不利于工程质量。比如，对水泥的保管不善，导致水泥受潮，不但影响了成本，而且对工程质量和安全造成隐患。再如，对材料的防偷盗措施不严，就直接造成了经济损失。所以，减少采购（加工）过程中的管理损耗，是降低材料成本的第一步。此外，还要根据项目施工的计划进度，及时组织供应材料、构件，减少时间浪费、人力浪费与材料浪费。

成本会计是公路项目成本管理的关键责任人，也是项目经理的主要助手，担负着成本开支范围、费用开支标准和有关财务制度，严格审核各项成本费用，控制成本开支的重要责任。工程项目成本管理的所有数据、管理情况反馈都要从成本会计财务收支来体现。因此，成本会计除了掌握账簿上的成本开支以外，还应深入生产第一线，掌握关键成本消耗环节，形成客观、公正、准确的成本开支分析，及时向项目经理和有关项目管理人员反馈情况，提出成本出现的问题和解决问题的有关建议，以便采取针对性的措施来纠正项目成本的偏差。行政管理人员控制非生产性的开支也是公路项目成本管理的一项重要内容，如对人员的安排、行政费用的支出、生活后勤服务等如何做到既合理又节约，是行政管理人员应随时思考的问题。

当前，公路施工项目的人员开支不断呈现出上升的趋势。因此，施工企业可以从项目施工总体需要和工程的实际出发，参考以往其他公路项目的人员安排，在勤俭节约的前提下，满足职工群众的生活需要，节约工资性支出。

二、公路工程项目成本控制体系的构建

（一）成本控制组织机构的建立

现代企业成本控制体系从结构上可以分为以下三层。

第一层，成本控制决策系统。负责制定成本控制战略决策。

第二层，成本控制管理系统。负责制订成本控制计划，是成本控制结构的中间层次。

第三层，成本控制执行系统。该系统一方面由各具体控制主体根据已经制订的成本控制计划，采取一系列的措施和手段，努力完成各自的控制目标；另一方面根据各部门的具体职能和特点，制订详细的二级成本控制计划。

（二）设计与投标阶段

设计阶段是公路工程项目成本控制的决定阶段，为整个项目成本定下了基调。

设计方案直接决定建设工期的长短和建设费用的多少。设计阶段所占的成本通常在3%~5%，但是对工程整体成本的影响可能达到75%~85%。先进的设计方案能降低10%的工程造价甚至更多。因此，项目的设计阶段对项目成本的影响不容忽视。

公路工程相关的招投标主要有施工招标和采购招标。通过招投标制度来选择供应商和施工单位，可以有效降低在材料和施工上的成本。

（三）施工现场成本控制

1. 合同的管理

合同管理是公路工程项目管理中相当重要的一环。施工企业应当严格按照项目合同的要求制订施工计划。合同对于项目工期、质量等都有明确要求，严格遵守合同可以避免因项目差异带来的返工。对合同中的暂定项目和存在变更的分项工程，应及时申报，尽可能地增加工程收入。在合同管理方面需要注意以下问题。

（1）提高合同管理意识

重视合同管理对工程管理的重要性，深入贯彻以合同指导施工作业的准则，保证员工按照合同进行施工活动。

（2）建立合同管理机构

建立专门机构负责合同的签订和审核，进行合同精神的传达，使合同管理覆盖到整个项目。合同签订后，要制定必要的制度来保障合同的实施。

（3）重视合同文本分析

重视对合同内容进行完备性分析和合法性分析，以避免因合同出现问题而导致的成本损失。合同的合法性分析主要包括当事人是否具有资质、工程项目是否具备条件、审批文件是否齐全等；合同的完备性分析主要应注意合同条款是否有纰漏、用词是否准确无异议、有无考虑到不可预测因素的影响等。

（4）重视合同变更管理

合同变更意味着存在变更索赔的机会，所以在工程实施中必须加强对合同变更的管理。

2. 机械的管理

随着公路施工技术的发展、公路等级的逐渐提高，施工对于机械设备的要求越来越高，因此必须建立完善的管理制度，以保障机械设备的供应和维护。机械设备在施工企业固定资产中占总额的75%~85%，对施工企业的施工进度、施工质量和工期都有着重要影响。机械设备的管理方面应注意做到以下几点。

（1）专人负责制

对于每台机械设备，除专人负责之外，都需要指定一名机长，机长对机械设备的使用状态和维护状态负责。

（2）无缝交接制度

施工机械常常是换人不换机的多班作业制度。对于机械设备的交接班，必须做到无缝交接，以便分清责任，避免机械设备的管理出现漏洞。

（3）建立设备使用登记制度

对于机械设备的使用和维护，可以配备专门的登记簿，记录设备使用、维护的时间和执行人姓名。

（4）建立技术档案

建立包括使用设备说明书、使用参数、维护保养要求、修理技术参数、运行记录、配件消耗等资料的技术档案。

（5）加强操作人员的管理

加强设备操作人员的培训、培养和管理，实现人员管理与机械管理的有机统一。

（6）强化设备维护制度

对大型的设备，强化例行保养和预防保养相结合的保养制度，采用状态监测与定时维修的维修方式。

3. 物料的管理

在公路施工项目成本中，物料费用约占60%或更多。控制好物料费用，可以大幅降低工程总成本。做好物料成本的控制，首先要综合考虑供应价格和运输成本的因素，合理选择供货商；对于物料的存放，需要方便施工现场使用；对于物料的使用，要控制浪费，倡导节约。

（1）物料采购的招投标

招投标方式可以建立买方市场，有利于对供货商的比对、选择，可以有效降低物料采购成本。应当加强小批量物料的采购管理和地面材料的采购管理。

（2）明确划分采购权限

为了避免项目内部出现腐败现象，应当严格限制物料的采购权限。各种物料的采购权限应根据项目需要分配，不允许存在"一把抓"的现象。

（3）加强物料采购计划管理

根据项目进行情况制订物料采购计划，并确保其时效性。认真编制，精心策划，科学组织，统筹安排。

（4）加强运输管理

在同等价位的情况下，就近就地选择物料供货商，以降低运输成本。选择最佳的物料运输方式，以节约项目物料的运输成本。缩短装卸的等待时间，增加有效工作时间，提高车辆的运行率与装载率。

（5）控制物料使用的消耗量

作为有形的管理对象，物料的使用控制相对容易。对于物料使用严格管理，结合工程预算，制定物料使用量标准，按照定量限额发放。定期审查物料的领用情况是否符合标准。

4. 工程竣工后的审查与反馈

竣工结算是工程造价成本控制的最后一关，严格把关可以及时挽回因质量缺陷或施工过程缺陷造成的成本损失。工程验收人员应当在每个分项分部工程结束之后及时进行验收。对于不符合工程施工质量或者没有达到成本目标的，应当及时将相应问题反映给总工程师或总会计师。对于发现的质量问题或成本差异，应当由总工程师或总会计师下达停顿整改，并进行审查，提出解决方案。

第三节 公路工程项目成本管理的目标

一、目标成本管理

所谓目标成本，是指企业在生产经营活动中，某一时期或某一项目要求实现的产品成本额度。目标成本是企业作为奋斗目标所要努力实现的成本，含有计划的性质，是根据生产要素的市场价格和项目实际制订的。目标成本管理的方法，一般是把企业的会计核算、业务核算、统计核算与现代管理方法（包括价值工程、数学分析和信息理论等）有机地结合起来加以运用的。

目标成本的预测、决策、控制、分析和考核诸环节正是借助这些管理方法实现的，其管理形式按照一定的程序循环往复持续地进行，它的过程包括确定目标和组织实施两大部分，这两大部分又可分为四个步骤：目标成本预测、目标成本决策、目标成本控制、目标成本分解与考核。结合企业项目成本管理的现状，我们在实践中探索了一些适合公路施工项目管理特点的成本管理方法，这种方法就是目标成本管理法。它能把人为的消极因素对成本的影响降到最低程度，能把成本管理的责、权、利有机结合起来，调动全员参与成本管理的积极性。公路项目的目标成本管理不同于工业企业的目标成本管理。工业产品的销售价格是由企业和市场共同决定的，降低成本是取得竞争优势的手段之一，当市场价格不能保证企业的必要利润时，企业可通过各种手段进行调节，甚至停止生产这种产品。对公路产品来讲，其价格完全是由市场决定的，其成本要根据成本构成要素进行分析计算，当计算的成本小于投标价格时，工程项目就有盈利的可能；当成本大于投标价格时，工程项目就会亏损。同时，项目的盈亏又受到各种主客观因素的影响，因此必须对项目实施目标成本管理。

二、公路工程项目目标质量和目标周期

（一）公路工程项目的目标质量

公路工程项目的目标质量是公路工程完成后应达到的质量。公路工程的目标质量应是定量的，它的实现也应是可控的。公路工程项目目标质量的制定，为企业提供了一个关注质量管理的方向。由于目标指出了预期的结果，从而可引导企业利用其资源达到这些结果。公路目标质量管理属于目标管理，它采用目标管理的思想，按照目标管理的做法，促使企业的质量目标得以实现，并将该做法作为质量管理体系的一部分加以标准化和制度化。

对于公路工程项目的质量管理，企业领导应该为公路工程项目确定质量方针、制定公路目标质量，确保这些目标能够实现，并将达到的结果与设定的目标相比较，发现问题及时予以改进。

（二）公路工程项目的目标周期

公路工程项目的目标周期是公路工程项目的预期周期。公路工程项目目标周期的确定，为企业确定了一个最后的底线。项目所涉及的全体人员都要为达到这个目标而努力工作。同样，由于目标指出了预期的结果，从而有利于引导企业利用其资源达到这个结果。目标周期管理同样属于目标管理的范畴，它也是采用目标管理的思想，按照目标管理的做法，促使企业的工程进度目标得以实现。对于公路工程项目的工程进度管理，企业领导应该制定确保工程周期、加快工程进度的战略战策，并制定相应保证措施，通过这些措施来确保目标周期的实现。在工程实施过程中，还应将进度与设定的目标进度相比较，发现问题及时予以改进。

三、公路工程项目的目标成本的控制

目标成本的控制是按照核定的目标成本对过程进行指导、监督、调节和限制，及时纠正要发生和已经发生的偏差，把各项成本控制在目标成本范围之内的管理策略。目标成本的控制是优化成本管理的核心，目的是降低成本、提高效益。

（一）目标成本的全面控制

1. 开源节流

项目管理是一次性的行为，其管理对象只有一个工程项目，且将随着项目建设的完成而结束其使命。在施工期间，项目成本能否降低、有无经济效益，在此一举，别无回旋余地，因此要全面控制、开源节流。全员参与并非抽象的概念，是指每人都关心项目进度，团队要群策群力，将施工的全过程纳入成本控制，科学管理，优化施工方案，提高劳动生产率，采取预防成本失控的技术组织措施，防止可能发生的浪费，以减少人力、物力、财力的消耗。

2. 充分做好施工准备

根据设计图纸和有关技术资料，对施工方法、施工顺序、作业组织形式、机械设备选型、技术组织措施进行研究分析，运用价值工程原理，拟订出科学先进、经济合理的施工方案。依据企业下达的目标成本，以分部分项工程实物工程量为基础，编制成本计划并按部门和班组分解，为目标成本控制做好准备。

3. 注重施工过程的控制

在施工期间，施工企业要实行并加强施工任务单和限额领料单的管理，做好每一个分部分项工程完工后的验收（包括实际工程量、工作内容和施工质量等），以及实耗人工、实耗材料的数量核对，以保证施工任务单和限额领料单的结算资料正确，为成本控制提供真实可靠的依据。要利用图表将这些数据与目标成本对比，计算分部分项工程成本的差异，分析产生差异的原因，并采取有效的纠偏措施。同时，要正确核算月度成本，分析月度目标成本与实际成本的差异。在月度成本核算的基础上，实行责任成本核算。利用会计核算资料，按责任部门或责任者重新归集成本费用，并与责任成本进行对比。定期检查成本控制情况，发现成本偏高或偏低情况，责任人要分析产生差异的原因，采取相应的对策来纠正差异。

4. 竣工验收阶段的管理

精心安排、干净利落地完成工程竣工收尾工作，避免因拖拉而导致施工机械、设备无法转移。配置合理的人力，避免人多"窝工"或人少将战线拉长。

（二）目标成本的控制步骤

公路工程项目目标成本控制步骤一般包括以下几个方面。

1. 确定成本费用的可控范围和责任人

按照成本属性，依据责任单位的控制区域和责权大小，划分和确定成本责任人。在项目部内，将施工项目成本划分为采购成本、生产成本和费用。采购成本包括项目部的材料采购、保管和供应，采购部门对所采购物资、材料的数量、质量、价格及所承担的资金计划负责并承担责任。

生产成本包括各施工作业队、工班组、场内运输以及拌和站、预制场、修理和辅助加工等。各生产成本责任人只对其可控成本项目负责，如消耗的钢材、水泥、碎石、木材、水、电、人工费、机械使用费等。

费用包括企业内部的和项目部内部的不进行生产、只提供一些专业管理服务但承担一定的费用计划指标的部门，包括质量、人力资源、财务、安全管理等耗费。按照"谁使用、谁承担"的原则，各费用责任人不能只花钱，也必须讲效益、讲效率，进行成本分析和效益分析。

2. 确定成本责任人后要明确责、权、利

公路施工企业的目标成本控制应以工班的生产成本为基础，以项目部为基本责任主体。要根据职能简化、责任单一的原则，合理划分可控成本范围，赋予工程项目部相应的责、权、利，实行责任成本包干。

3. 目标成本的分解

目标成本是施工项目在现有设计方案和施工环境下的成本控制标准，项目部要实现这个目标，必须把它按照成本项目和经济责任的归属，进行分解归属项目，下达给相关责任人，层层落实。分解的目标成本中既要有人工、材料、机械台班等数量指标，也要有按照人工、材料、机械台班等的固定价格计算的价值指标。

目标成本可分解为标准数量、标准价格和控制价格三个方面。标准数量是设计中提供的形成工程实体的数量或各种物耗；标准价格就是制定目标成本时计算的综合价格或单项价格。分解时应考虑一定的控制量，这一控制量的大小由劳动的效率和施工环境等因素决定，控制价格建立在本企业的先进水平基础上。

4. 目标成本的执行

下达的目标成本就是各成本责任部门日常作业的成本上限，非方案变更（如地质条件变化）、不可抗力等因素的影响，各项成本不应突破，各成本责任部门必须采取提高效率、合理安排工序衔接、降低消耗等措施来力争成本目标的实现。

5. 差异分析

在执行过程中，由于方案变更、地质条件变化、不可抗力等因素的影响，某项工序或工作的目标成本与实际发生较大偏差。在此种情况下，必须通过分析原因，提供相关的资料和数据，对此项偏差进行调整。

6. 偏差调整

通过对目标成本与实际偏差的分析，经过成本核算，可以反映施工耗费和计算工程实际成本。利用成本核算资料及其他相关资料，全面分析了解成本变动情况，系统研究影响成本升降的各种因素及其形成的原因，可以挖掘降低成本的潜力，正确认识和掌握成本变动的规律性。通过对标准成本的修正，可在执行过程中进行有效的控制，及时发现和制止各种损失和浪费，为制定最终目标成本、编制其他项目的目标成本提供重要依据。

（三）过程控制是目标成本控制的关键

1. 采购成本控制

采购成本控制是对项目部的材料采购计划、采购调查、采购实施、验收保管、发放使用等进行控制的过程。

（1）材料的采购成本控制

材料的采购成本涉及材料采购部门、材料保管部门、运输部门和材料的具体使用单位。其成本构成的主要环节是：材料的市场调查→材料质量检验→订货（付款方式等）→运输→验收→存放保管→发货搬运。要降低材料的采购成本，就必须把握构成材料成本的各个环节，尤其是尽可能不通过中间商，并在采购前做尽可能详细的市场对比。

（2）材料采购成本的核算

必须验收采购结果，采购与验收、保管、核算人员必须分开。核算员归纳采购的各环节所发生的费用，及时反映采购成本是否得到控制。

（3）周转材料的核算

周转材料是指各种外购和自行加工的不进入工程实体、可重复周转使用的材料。周转材料的核算必须有明确的摊销次数和摊销比例，由于其对项目的成本有较大影响，不合理的摊销将导致成本的虚增或虚降，因此应根据该材料的使用部位和施工时对其质量的要求，针对不同的材料制订不同的摊销办法。由于公路项目质量要求的需要，各企业施工用周转材料的摊销次数在不断减少。

对特殊的周转材料，如梁、柱模板是否能重复使用，是否能再利用，都要充分研究，以便确定经济合理的制作数量和摊销办法。

2. 生产成本控制

生产成本按工程类型或作业内容的不同可划分成若干个施工队或班组。各施工队或生产班组要建立作业台账，详细记录生产的消耗、工作量、质量及生产条件、工艺过程，进行投入产出计算，然后每月找出其中最好的和最差的，分析差异原因。

3. 费用控制

费用可归纳为行政性费用、业务类费用以及其他费用。行政性费用包括临时住房、食堂、管理人员工资奖金、招待费、日常交通工具使用保养费、差旅费、行政办公用品等；业务类费用主要是质量检验、安全生产、交工验收、工程资料，以及业务活动中不可预见的费用等。其他费用包括环境治理、宣传费等。

（四）公路项目成本管理的目标责任制

1. 两个关键问题

（1）责任者责任范围的划分

工程项目中，项目经理部的管理人员都是成本目标责任制的责任者，但他们不对施工项目的所有成本目标和总的目标成本负责，每个人均有各自的职责范围。

（2）责任者对费用的可控程度

在施工过程中，对某种材料费用的控制往往由若干个责任体系共同负责，因此必须按照其性能和控制主体来划分材料费，以便分清各责任主体的控制对象并对其业绩进行考核。

2. 公路项目成本目标责任制的分解

成本目标责任制就是项目经理部将公路项目的成本目标按管理层次分解为各项活动的子目标的过程。公路项目成本目标责任制分解后，能将责任落实到每一个职能部门和作业班组，形成一个严密的成本管理体系。

第四节　公路工程项目成本的预测与计划

一、公路工程项目成本预测的方法

公路工程项目成本预测的方法有多种，这里只介绍专家会议法和近似预测法。

（一）专家会议法

专家会议法是组织施工项目成本管理有关方面的专家，运用专业知识和经验，针对预测对象，通过直观归纳的方式，交换意见，预测工程成本的公路工程项目成本预测方法。

（二）近似预测法

近似预测法是以近期同类施工项目的成本调查结果为参考依据，对工程建设项目的成本进行预测，然后根据实际情况对结构和建筑上的差异进行修正的公路工程项目成本预测方法。

二、公路工程项目成本预测体系的构建

成本预测是成本计划的基础，可为编制科学、合理的成本控制目标提供依据。因此，成本预测对提高成本计划的科学性、降低成本和提高经济效益具有重要的作用。公路项目成本预测是使用科学的方法，结合中标价，并根据公路项目的施工条件、机械设备、人员素质等对成本目标进行预测的。主要包括以下内容。

（一）工料费用预测

首先分析工程项目采用的人工费单价，再分析工人的工资水平及社会劳务的市场行情，根据工期及准备投入的人员数量分析该项工程合同价中的人工费。

材料费在建安费中所占的比重极大，应作为重点予以准确把握。可以分别对主材、辅材、其他材料费进行逐项分析，核定材料的供应地点、购买价、运输方式及装卸费，分析定额中规定的材料规格与实际采用的材料规格，汇总分析预算中的其他材料费。

投标施工组织设计中的机械设备的型号和数量一般是采用定额中的施工方法套算出来的，与工地实际施工有一定差异，工作效率也不同，因此需测算实际将要发生的机械使用费。同时，还需计算可能发生的机械租赁费及新购置

的机械设备费的摊销费,重新核定主要机械台班产量定额。

(二)施工方案及相关费用变化的预测

1. 施工方案费用变化的预测

工程项目中标后,必须结合施工现场的实际情况制订技术上先进可行、经济上合理的实施性施工组织计划,结合项目所在地的经济、自然地理条件、施工工艺、设备选择、工期安排的实际情况,比较实施性施工组织计划所采用的施工方法与标书编制时的不同,或与定额中施工方法的不同,以据实做出正确的预测。

2. 辅助工程费的预测

辅助工程量是指工程量清单或设计图纸中没有给定,而又是施工中不可缺少的工作量,例如混凝土搅拌站等,这些也需根据实施性施工组织设计做好具体实际的预测。

3. 大型临时设施费的预测

大型临时设施费的预测应详细地调查,充分地比选论证,从而确定合理的目标值。

4. 小型临时设施费、工地转移费的预测

小型临时设施费包括临时设施的搭设。需根据工期的长短和拟投入的人员、设备的多少来确定临时设施的规模和标准,按实际情况并参考以往工程施工中包干控制的历史数据确定目标值。工地转移费应根据转移距离的远近和拟转移人员、设备的多少核定预测目标值。

三、风险对工程项目的影响及预测

在识别施工项目各个阶段的风险后,提出明确的风险管理目标对于进一步的风险管理工作尤为重要。风险存在于工程项目的各个阶段及各个工序中,从风险的作用结果看,风险对工程项目的影响主要有以下几个方面。

第一,进度延误。由于风险因素作用的影响,使得工程局部进度滞后,严重的结果,还会使整个项目工期拖延。

第二，成本加大。由于风险的影响，使工程消耗的人工、材料、机械费和管理费等间接费加大，利润减少。

第三，质量下降。由于原材料、施工组织、技术工艺和人的因素风险，造成工程质量水平下降，达不到质量目标。

第四，安全不能保证。在工程施工中，造成人身伤亡和机械设备的损坏，施工返工或工程实体损失。

第五，信誉下降。由于全面风险作用的影响，使得项目部在业主中的地位降低、信誉下降，严重的还要承担法律责任。同时，企业的社会信誉受到损害，影响未来的投标。

除了要对风险影响的因素进行分析外，还要对成本失控的风险进行预测：①对工程项目技术特征的认识，如结构特征、地质特征等；②对业主单位有关情况的分析，包括业主单位的信用、资金到位情况、组织协调能力等；③对项目组织系统内部的分析，包括组织设计、资源配备、队伍素质等方面；④对项目所在地的交通、能源、电力的分析；⑤对气候的分析。

总之，通过对上述几种主要费用的预测，既可以确定工、料、机及间接费的控制标准，也可以确定必须在多长工期内完成该项目，从而完成管理费的目标控制。所以说，成本预测是成本管理的基础。

四、公路工程项目成本计划编制

公路工程项目成本计划就是目标成本。成本计划既是衡量公路工程项目管理班子施工生产经营业绩的尺度，又是通过目标分解，明确公路项目参与责任人员和作业人员对控制成本应承担责任的依据，所以编制成本计划是公路项目成本管理的重要步骤。项目成本计划编制一般按以下程序进行。

（一）有关资料收集整理

公路工程项目成本计划编制要对以下资料进行收集整理：①施工图预算；②施工组织设计、技术措施；③施工工期网络计划；④施工项目组织架构及人员配备计划；⑤施工机械配备计划及进出场时间计划；⑥工料分析表；⑦市场调研报告，包括材料信息价、设备架料、模板租赁信息价、劳务价格信息；⑧水电气的需用量计划及节能措施；⑨上级下达的降低成本的要求；⑩上期计划成本的执行情况。

（二）预测分析、计划编制及信息反馈

1. 预测分析

根据本企业或同类企业过去实施的公路工程项目的结论指标，确定本次公路工程项目的参照比例后，确定成本预测数据。这种预测方法在公路施工企业中较为普遍，尤其是一般公路工程项目。这种以经验指标数据收集为支撑的成本预测方法，普遍有一定误差，但误差范围、幅度不大，有一定的实用性和可操作性。

2. 计划编制

在进行成本预测及成本趋势分析的基础上，优化施工组织设计和专项技术方案。在制订内部挖潜措施的基础上，编制计划成本作为对项目进行控制的依据，并签订目标成本管理合同。项目根据目标成本管理合同，在考虑内部挖潜的措施基础上，编制项目内部成本计划，并将各项目标成本进行分解，落实到项目各级人员，作为项目各级人员成本控制的依据。

3. 信息反馈

通过会计核算的记录，及时反馈成本计划的执行情况。

（三）计划成本偏差及调整

成本计划编制并不是一次性能完成的。在实施过程中，由于内外环境的变化或工程变更的发生，在执行期内，计划及时调整是正常的现象，引起成本计划调整的原因有以下几个方面。

第一，由于建设单位的原因，工期不能按原计划进行，可能导致架料、模板和机械设备不能按计划进退场，因此应对上述费用做出相应调整。

第二，由于发生设计变更，出现工程量的增减，应对相关费用做出相应的调整。

第三，由于材料市场、劳务市场价格发生重大变化，应对计划成本做出调整。

第四，因发生其他一些无法预见的因素而对成本造成较大影响的，可对计划成本做出相应调整。

第五，由于项目自身管理上的问题，对成本造成较大影响的，不应对计划成本进行调整，而应由上级指派人员对项目经理进行指导，以增强其经营管理能力。

第五节　公路工程项目成本管理的过程控制

一、公路工程项目成本管理过程控制的重要作用

施工阶段的成本控制是公路工程项目成本控制的主要阶段，其目的是通过严格管理过程控制最大限度地降低工程运营成本，为企业创造最大的利润。

现阶段公路施工企业承揽的工程一般都是通过投标获得的，因此确定的工程造价都是通过投标在竞争中形成的。通过竞争拿到的工程往往都是低价的，利润空间很小，而发包方所要求的条件又很高。发包方总是希望以最小的投资、最快的速度生产出最佳使用价值的固定资产，发包方总是要求工程的工期短、质量标准高、现场的文明施工管理要好，而公路工程项目管理中的质量管理、工期管理、资源管理、合同管理等各方面无不受到成本管理的制约和影响。作为承包商，要想获得利润就只能通过提高管理水平、提高施工技术水平以及合理配置资源，才能最大限度地降低制造成本。

建立成本管理内部核算体系、公路工程项目管理体系等一系列工作，目的都是围绕成本和利润。施工阶段的成本控制要做好几个过程控制。首先，在施工期间，要实行并加强施工任务单和限额领料单的管理，做好每一个分部分项工程完工后的验收（包括实际工程量、工作内容和施工质量等），以及实耗人工、实耗材料的数量核对，以保证施工任务单和限额领料单的结算资料正确，

为成本控制提供真实可靠的依据。其次，利用图表将这些数据与目标成本对比，计算分部分项工程成本的差异，分析产生差异的原因，并采取有效的纠偏措施。再次，明确核算月度成本，分析月度目标成本与实际成本的差异。在月度成本核算的基础上，实行责任成本核算，利用会计核算资料重新按责任部门或责任者归集成本费用，并与责任成本进行对比。最后，定期检查成本控制情况，遇到成本偏高或偏低情况，责任人要分析产生差异的原因，采取相应的对策来纠正差异。

二、公路项目成本费用控制的一般方法

（一）以施工图预算控制项目成本支出

在施工项目的成本控制中，可按施工图预算，实行"以收定支"，具体控制方法如下。

1. 人工费的控制

项目经理与施工队签订劳务合同时，应以预算定额规定的人工费单价和合同规定的人工费补偿标准两者之和为基础，在考虑施工项目实际情况的前提下，适当降低上述标准，合理确定作业队的人工费单价。这样人工费就不会超支，并且可以留有一定余地，以备关键工序的需要和定额外人工费的奖励。

2. 材料费的控制

根据"量价分离"方法确定工程造价的需要，应从两方面控制材料费。一是控制材料预算的价格，钢材、木材、水泥等"三材"的价格应随行就市，实行高进高出；对地方性材料应以预算价格为基础控制其采购成本。二是控制材料消耗的数量，对施工中各种材料的耗用通过"限额领料单"进行控制。

3. 周转材料使用费的控制

施工图预算的周转材料使用费 = 摊销量 × 预算价格

实际支出的周转材料使用费 = 使用量 × 企业内部租赁单价

施工图预算的周转材料使用费和实际支出的周转材料使用费的计量基础和计算方式均不相同，需要以周转材料预算总费用来控制实际发生的周转材料

使用费。

4.施工机械使用费的控制

在施工图预算中：机械使用费＝工程量 × 预算定额台班单价

由于项目施工的特点，实际施工中机械的使用率往往达不到预算定额的取定水平，再加上预算定额中取定的施工机械原值和折旧率又存在较大的滞后性，因而施工图预算的机械费用通常小于实际发生的费用，导致机械费超支。由于存在上述客观原因，因此需要在洽谈合同时明确提出，取得甲方谅解后，在签订的合同中明确规定一定数额的机械费补贴，这样可用施工图预算的机械使用费加上机械费补贴来控制机械费的实际支出。

5.分包工程的控制

在签订分包合同时，必须以施工图预算控制分包工程的合同金额，绝不允许合同金额超过施工图预算，从而实现预期的成本目标。

（二）以施工预算控制施工中资源的消耗

项目资源消耗数量的表现就是项目成本，因此资源消耗的减少，就是项目费用的节约。控制了资源消耗，就等于控制了成本费用。以施工预算控制资源消耗的具体实施步骤如下。

第一，项目开工前，应根据设计图纸，按照规定计划规则计算工程量，按照施工定额编制整个工程项目施工预算，并以此作为指导和管理施工的依据。施工预算的分部分项工程划分，必须与施工工序吻合，以便与生产班组的任务安排和签发施工任务单一致。在施工过程中，如发生工程变更或施工方法的改变，应由项目预算员对施工预算做统一调整和补充，其他人员不得任意修改或故意不执行施工预算。

第二，项目施工中，给生产班组安排任务，必须签发施工任务单和限额领料单，并向生产班组进行技术交底。施工任务单和限额领料单的内容须与施工预算相符。在施工过程中，生产班组应对实际完成的工程量和实际耗用的人工、材料做好原始记录，以此作为施工任务单和限额领料单结算的依据。

第三，项目施工任务完成后，根据收回的施工任务单和限额领料单进行结算，并按结算支付报酬。为了严格按照施工任务单和限额领料单进行结算，必须对其认真检查和核查，以保证其准确性和真实性。

（三）建立项目资源消耗台账，实行中间控制

项目施工中的资源消耗主要是人工、材料、机械设备的消耗。

第一，设置消耗台账格式。

第二，填制材料消耗情况的信息反馈表。项目财务成本管理人员应在每月初根据材料消耗台账的记录，如实填写"材料消耗情况信息表"，并向项目经理和材料部门反馈。

第三，做好材料消耗的中间控制。由于材料成本在整个项目成本中占有很大比重，如果材料成本出现亏损，必然使项目成本控制陷入被动，因此项目经理必须重视材料成本。项目经理和材料部门应对收到的"材料消耗情况信息表"做好两方面工作：①根据本月材料消耗数，结合本月实际完成的工程量，分析材料消耗节超的原因，并制定材料节约使用措施，分别落实到有关人员和生产班组；②根据尚可使用数，结合施工的进度，从总量上控制下一步的材料消耗，而且必须保证有节约，这是实现施工项目成本目标的关键。

（四）运用成本与进度同步跟踪的方法控制分部分项工程成本

在项目实施过程中，成本与进度之间有着必然的同步关系，即施工到某个阶段，应发生与之相对应的费用。否则就是出现了偏差，应及时分析原因并加以纠正。

三、基于挣值管理法的成本控制

（一）挣值管理法的基本概念

挣值管理法是一种综合了成本、进度计划、资源和项目绩效的方法，是通过对比建设工程实际进展情况与进度计划、实际投资完成情况与资金使用计划，确定工程进度是否符合计划要求，从而确定建设工程投资是否存在偏差的一种分析方法。它在某一给定的时间内，对计划完成的工作、实际赢得的收益、实际花费的成本进行比较，以确定成本与进度完成量是否按原计划进行。

使用挣值管理法可以使每一个工序在完成之前就可以分析其成本偏差及

趋势，为成本管理人员在后续工作中采取正确的措施提供依据。挣值管理法通过货币指标来度量建设工程的进度，进而达到评估和控制风险的目的。引入挣值理论的目的是在公路工程实施过程中，准确地表示实际公路工程所发生的进度和计划的偏差。传统的偏差分析方法往往只侧重于对某个方面进行比较，但是由于进度和成本之间相互制约，得出的结论可能是错误的。过去在发现费用超支时，很难立即分辨是由于费用超出预算，还是由于进度提前；同样，当发现费用低于预算时，也很难立即分辨是由于费用节省，还是由于进度拖延。而引入挣值法可定量地判断进度、费用的执行效果。挣值管理法作为一种新的衡量标准，能对项目的偏差进行比较客观、全面的判断。

（二）挣值管理法的三个基本参数

1. 拟完工程计划投资

指根据进度计划安排在某一确定时间内，所应完成的工程内容的计划施工成本——计划值。

拟完工程计划施工成本 = 拟完工程量（计划工程量）× 计划单位成本

2. 已完工程实际投资

指根据进度计划安排在某一确定时间内，已完工程内容的实际施工成本——实际成本。

已完工程实际施工成本 = 已完工程量 × 实际单位成本

3. 已完工程计划投资

指根据进度计划安排在某一确定时间内，已完工程内容的计划施工成本——挣值。

已完工程计划施工成本 = 已完工程量 × 计划单位成本 = 实际完成工程的百分比 × 该项工程的预算成本

第六章 桥梁工程项目施工场地管理

桥梁施工的场地布置是对其施工现场的平面规划,是桥梁施工方案在施工现场空间上的体现,反映了已建和拟建工程之间以及施工所需各项设施之间的空间关系。桥梁场地布置应按照施工部署、施工方案及进度计划,将各项生产、生活设施(如加工预制场、仓库、料场、混凝土搅拌站、水电气管线及运输道路等)在现场平面上进行周密规划与布置。

桥梁施工现场的合理布置与科学管理是指导现场进行有组织、有计划的文明施工的前提,同时对加快施工进度、降低成本、提高工程质量和保障施工安全具有极其重要的意义。因此,每个桥梁工程在施工前都要进行施工现场布置与规划。同时,由于施工过程是一个变化的过程,对于大型的桥梁工程或施工工期较长的桥梁工程,还应按照施工阶段分别进行平面布置,以便充分体现各施工阶段的特点,便于对其进行动态管理。

第一节　桥梁项目施工场地规划布置的原则与步骤

一、桥梁项目施工场地布置的设计原则

第一，充分考虑桥梁工程施工的现场实际情况，按照施工组织设计确定的施工方法及进度计划的要求，确定平面布置方案。总体平面布置应有利于工程的施工和现场管理。

第二，尽可能利用已有的构筑物、管道及道路，少占农田，并采用装卸式临时设施，以减少临时工程的工程量，节约施工费用，降低工程成本。

第三，合理安排临时设施的平面位置，缩短工地内部的运输距离，方便运输，节省运输费用，尽可能避免场内二次搬运，以减少场内运转的材料损耗，节约劳动力。

第四，生活区应尽量与施工场地分开，施工作业区与办公区应划分明显。生产、生活设施及施工地点的布置应便于施工人员的生产和生活，施工现场的平面布置应注意环境保护和文明施工的要求。

第五，要符合劳动保护、安全技术、防洪及防火的规定。施工现场应设置必要的医务设施，采取必要的防盗措施，应设置消防设施，并保证消防通道的畅通。

中小桥梁的施工场地一般布置在交通方便的一岸；大型桥梁可在交通方便的一岸设置主要施工场地，在对岸设置辅助场地；特大型桥梁一般都在两岸设置施工场地，各有独立的施工指挥系统；市政桥梁工程场地较为狭窄，施工场地一般沿街布置；需要分段施工的桥梁，可以根据各阶段施工的特点，采用不同的布置方案。

二、桥梁项目施工场地布置内容及一般步骤

桥梁工程的场地布置图有总体平面布置图及局部平面布置图两种。

（一）总体平面布置图

1. 总体平面布置图的内容

第一，拟建桥梁工程的施工管理机构。如桥梁工程项目经理部、监理机构、工程处、施工队、办事处等。

第二，为桥梁工程施工服务的临时设施及其位置。如大中型构件预制场、料场、混凝土拌和站、钢筋木材加工场、采石场、采砂场、便道、便桥、仓库、码头、生活用房等。

第三，桥梁工地附近与施工有关的永久性建筑设施及重要地形、地物。如已有公路、铁路、码头、居民点、河流、山峰、文物及自然保护区、电力、通信线路等。

第四，其他与施工有关的内容。如地质不良路段、国家测量标志、气象台、水文站、变电站、防洪防火安全设施等。

2. 总体平面布置图的形式

桥梁施工总体平面布置图可用两种形式表示。一种是根据桥梁实际平面尺寸按适当的比例绘制，如根据需要也可以简单绘制示意图。这种图形直观，图中所绘内容的位置准确，较常采用。另一种是将路线绘成水平直线。将图中各点的平面位置标出，但它可以采用不同的纵横向比例将长度缩短，还可以略去若干次要的部分。这种绘制方法在道路工程中较多采用，桥梁工程的平面布置图中较少采用，在这里不予详述。

由于复印技术已十分普及，目前多按实际走向绘制总平面图，绘图比例一般为 1∶5000 或 1∶2000。

3. 设计步骤

大宗材料、成品、非成品进场问题→仓库的布置→加工厂的布置→工地内部运输道路的布置→临时房屋的布置→临时水电管网及其他动力线路的布置→总平面图的评价及优化→绘制。

（二）局部平面布置图

1. 局部平面图类型

第一，大型临时工程平面布置图。如大型混凝土搅拌站、桥梁构件预制场、主要材料加工或制备场、外购材料转运及储存场地等。

第二，主要施工管理机构的平面布置图。

第三，临时供水、供电、供热，临时、永久性的道路、便桥分布平面图。

第四，大型仓储基地主要设施及物资存放布置图。

第五，大型起重运输设备的轨道布置及设备位置。

2. 局部平面布置图形式

与总平面图绘制方法相似，由于体现局部平面布置，一般比例尺采用1∶500—1∶200。

3. 设计步骤

以混凝土搅拌站为例，对其设计步骤做简要的介绍：分析有关资料→确定机械位置（垂直运输机械位置）→选择单位工程位置（搅拌站）→确定辅助性工程位置（材料及半成品的堆放位置）→运输道路的布置→确定与之相关的临时设施的布置→水电管网的布置→局面优化→绘制。

第二节　桥梁项目施工场地常用设施的规划与布置

一、梁体构件的预制、存放场的规划和布置

对于梁体为预制安装的桥梁工程，梁体构件的预制、存放场的规划和布置直接影响到砂石料堆放场、钢筋和木材加工场、混凝土搅拌站等其他施工设施的布置，是保证工程施工顺利进行和平面设计成功的关键，应优先考虑。

桥梁预制梁体构件的预制和存放场一般宜设在工地，在跨河桥梁的施工中，应尽量靠近桥头；如果条件允许，也可以设在桥跨之间，以缩短安装时的运输距离，减少相应的临时设施。

梁体预制场的大小根据进度计划布置，预制底座的数量根据预制梁体的数量、施工计划的安排而定。在满足施工进度及质量要求的前提下，应尽可能减少占地、降低成本。堆放场的面积与预制梁体的预制计划、安装时间安排以及梁体堆放的有关规定有关。

二、钢材加工制作场、木材加工制作场的规划和布置

钢筋加工场应根据实际情况采用分散或集中方式设置，对需要进行冷加工、对焊、点焊的钢筋和大片钢筋网，应设置中心加工场，并靠近构件加工场；对小型加工场，可就近设置钢筋加工棚。

对于木材堆场，一般设于交通沿线，加工场应在堆场附近，按工作流程设置。

木材和钢筋加工场的位置应尽量靠近预制场，与主要的施工现场距离较近，以减少场内搬运；为符合安全规定，防止因钢材切割和钢筋电焊引起火灾，钢筋加工场和木材加工场必须分开设置。

这些场地的面积大小要根据施工进度计划确定，并且要符合存储论原理。场地面积的过大、过小均会对施工的质量、工期、成本各方面产生影响。

三、砂石堆放场、水泥库、搅拌站及小型预制构件加工场的规划和布置

砂石料及水泥混凝土搅拌站应根据桥梁工程的具体情况布置。当现浇混凝土量大时，应在施工现场设置混凝土搅拌站；当桥梁较多、分布较分散，但运输条件好时，可以采用集中搅拌，选择混凝土罐车运输或直接选用商品混凝土；在运输条件差时，则应分散搅拌。

水泥库应设置在尽量靠近预制场的位置，应处于下风向，以防水泥进出库

时灰尘飞扬，影响制作场、预制场工人的健康和工作。

小型预制件的加工场一般设在工地的空闲处，如料场专用道转弯扇形地带或场外临近处。

在大型桥梁的施工中，为保证进度及质量，常常设置水泥混凝土搅拌站。

四、材料开采、加工场的布置及雷管、炸药库的设置

桥梁工程施工用的砂石材料开采和加工场一般设在材料产地。如果有多个产地可供选择时，选择的首要条件是材料的品质要符合设计要求。在保证质量的前提下，对运距、开采的难易程度、成材率的高低、运输和装卸的费用进行综合考虑，经过经济技术比较，选取最为经济合理的料场。

在桥梁工程的施工中，有时会用炸药清除障碍物、开凿基坑。在使用雷管和炸药时，要严格遵守国家对一类爆破材料管理的规章和制度，雷管和炸药不得同车装运、同库储存，距离住宅区应有一定的安全距离，并严格管理、严加警卫。

五、工地临时房屋的规划与布置

工地临时房屋主要包括施工项目管理人员及施工人员生活、办公用房，其他生活福利设施用房，以及实验室、动力站和其他仓库等。

工地的临时房屋应根据现场条件布置，注意安全防火、防盗、防洪，并方便施工人员生活。职工宿舍应尽量和施工场地分开，施工作业区与办公区应划分明显。

职工生活区及办公室，最好设在工地周围不太受施工噪声干扰的地方，符合安全、卫生条件，并按消防规定相互隔离，每间房都应配备灭火器。

直接指挥生产的机构及施工现场调度室应该设在工地的中心地区，以使指挥和调度工作能够方便、及时。医务室距施工现场不应太远，以便及时对突发意外进行处理。

桥梁工程的施工，临时房屋的修建是不可缺少的，为降低工程成本、加快施工速度，应采取措施尽可能减少临时房屋数量。如提高机械化施工水平，减

少劳动力需要量；合理安排施工计划，保持劳动力稳定、均衡；尽量租用当地的房屋；广泛采用重复使用的装配式临时房屋等。

六、桥梁施工现场运输规划

桥梁施工现场运输一般分水平和垂直运输，水平运输是将材料或构件从料场或预制加工场地运至施工使用地点；垂直运输则主要是修建墩台及上部构造时，将材料或构件从地面提升到使用部位。

场内运输的方式应根据工地的地形，材料、构件的数量及运距，结合周围道路和环境等因素进行选择。常见的场内运输工具有翻斗车、装载机、汽车、轨道运输车、皮带运输机、架空索道、缆车等。

翻斗车、装载机主要运输沙、石、混凝土、灰浆等，适用于用料地点比较分散、运输线路不固定且地形较为复杂，有上下坡或急转弯的情况；汽车适用于运输小型预制构件，吊车配合装卸的情况；轨道运输适用于用料数量较大，而运输线路又固定不变的情况；浮吊的垂直运输构件一般应用于在通航河流上修建装配式桥梁时，构件由驳船运到桥下，浮吊吊起安装的情况；索道运输不受河流状况及地形限制，能在索道跨度内将材料、构件等沿桥轴线运送到任何高度，兼有水平运输和垂直运输的双重功能，在装配式拱桥以及地形条件复杂、安装运输条件受河流与地形的限制的其他类型的桥梁工程的施工中得到广泛应用。其他运输工具和运输方式还有很多，此处不再列举。

如果场内外运输紧密衔接，材料运到场内不存入仓库、料场，而是直接转运至使用地点，这种情况下，必须加强对进场材料的验收工作，保证工程质量。

七、桥梁工地供电规划

随着施工机械化程度的提高，桥梁施工中用电驱动的机械越来越多，用电量越来越大。比起道路施工，桥梁施工的用电机械及用电量要高许多。桥梁施工工地的供电工作与工程质量及施工的连续性有着密切的关系。临时供电工作包括以下内容：用电量的计算、选择电源、确定变压器、布置配电线路和确定电线截面。

（一）用电需要量的确定

桥梁工程施工工地上临时供电包括施工用电和照明用电。

1. 施工用电

施工用电包括施工机械用电和工程用电。桥梁工程施工中，每日各个时间的用电量是不均匀的，有时一天内最大用电量与最小用电量相差悬殊。在整个施工过程中，用电量始终是波动的、起伏不定的。因此，精确计算用电量是不可能的，意义也不大。我们的目的是估算出施工期间的最大负荷，以便选择电源、确定变压器。

最大电力负荷量是按施工用电量与照明用电量之和计算的。单班工作制时，不考虑照明用电，此时最大电力负荷量等于施工用电量。这种单班工作制在桥梁施工中并不多见，桥梁工程的混凝土施工通常需要连续作业，桥梁工程中基础工程的施工工艺过程总是日夜连续进行的。另外，有些工程因为特殊原因也要在夜间进行。

2. 照明用电

照明用电是指桥梁施工现场和生活福利区的室内外照明用电。

（二）选择电源、确定变压器

桥梁工程施工的电力来源有施工现场附近已有的高压线路、发电站及变电所；如果在偏僻、边远的地区施工，不可能获得现有电力设备，或者离现有电源较远、电力供应能力不足，就必须设立临时供电设施以保证工程施工连续性和工程质量。临时供电设施可以采用固定式发电站或移动式发电站。在选择电源时，应考虑到现有电源可以利用的容量能否满足施工期间最高的负荷、电源距离的远近、利用的可能性，以及与采用临时供电设施之间的费用比较；同时根据施工现场的大小、用电设备使用期限的长短、使用量的多少和设备布置的情况，选择电源的位置。电源一般应该设在用电设备最集中、负荷最大而输电距离最短的地方。

（三）布置配电线路、确定导线截面

工地内临时配电线路常采用输电线路长度最小、所需电杆数量少的树枝式布线方式，但这种布线方式容易因某一点发生故障断电，因此不适于必须连续供电的桥梁施工工地；环式配电线网可以保证不间断供电，但这种方案输电线路最长，所需电杆数最多，成本最高；混合式的总输电线路用环式布线方式，交输电线路采用树枝式布线方式，这样能对重要的需要连续供电的地点提供可靠的供电条件。

在一般规模的桥梁施工工地的电力网中，一般 3 kV~10 kV 的高压线路采用环式布线方式，380 V/220 V 的低压线采用树枝式布线方式。

计算配电线路及选择导线截面时，应使导线有足够的力学强度，在正常的温度下，能持续通过最大的负荷电流而本身的温度不超过规定值，同时电压损失应在规定的允许范围内，保证电气设备正常工作。导线截面是根据负荷电流选择的，然后再从电压及力学角度进行校核。

八、工地供水规划

桥梁工程施工的工地供水规划，一般包括决定需水量、选择水源、设计配水管网、水塔及泵站设计等内容。

（一）桥梁施工工地临时需水量计算

施工工地的临时用水包括生产用水、生活用水和消防用水三方面。

生产用水：现场施工用水，施工机械、运输机械和动力设备用水以及附属生产企业用水等。

施工机械、运输机械和动力设备的需水量，可通过定额算出工地上所采用的各种机械和动力设备的台班总数，乘以每台机械或动力设备的每班或每小时的用水参考定额求得。

生活用水：施工现场和生活福利区的生活用水需水量应分别计算。

消防用水：桥梁施工工地的消防需水量取决于工地的规模和各种临时设施的结构性质、防火等级等。

（二）临时供水水源地选择和管网布置

1. 水源的选择

临时供水的水源，包括现有给水管、地下水及地表水三种。在选择水源时，首先要保证水源的供水量能够满足最大用水量的需要,生活用水的水质应符合卫生要求,然后可从成本、消耗量和维护费用方面进行比较并做出选择。

生产用水中,搅拌混凝土及灰浆用水对侵蚀物质的含量有一定的限制,且不得含有油脂、糖分及其他杂质,也不应是酸性的;生活用水中的饮用水应不含病菌及对健康有害的物质。

当选择地表水作为水源时,应注意水位的变化范围、冰层厚度、上游有无污染源等,取水构筑物应设置在水流通畅之处,避免涡流处堆积污物、杂质。

地下水较地面水清洁,一般可以直接用作生活、生产用水。而且地下水不受河流及地形限制,不必设置复杂的取水构筑物,能就地吸取,应尽量利用。有时地下水硬度较高,涌水量较少,不能满足施工需要。

2. 配水管网布置

在保证不间断供水的情况下,管道铺得越短越好,同时还应考虑到工程进展期中各段管网存在移动位置的可能性。

临时管网的配置有三种形式:环状管网、枝状管网、混合式管网。临时给水管网的布置常采用总长度最小的枝状管网,但若管网中某一点发生局部故障,容易断水;环状管网则可以保证供水不间断,但管网总长度较大,成本较高;混合式一般总管采用环状,支管采用枝状,这样可以保证对重要用水地点及有消防要求的地区连续供水。

(三)水塔及泵站的设计

可用木支架或装配式常备钢支架作为工地临时水塔,用钢桶或钢箱作为储水箱。水塔一般设在靠近水源且距地面较高处。

水泵要有足够抽水能力及足够的扬程。为了保证不断地供应工地用水,必须有备用水泵。

九、桥梁施工工地临时供热规划

桥梁工程在冬季施工常需考虑施工供热,以保证工程进度及混凝土质量,如对混凝土材料的加热、钢筋混凝土构件的蒸汽养生等。同时,生活设施的内部采暖，也要求对工地临时供热做出规划。

临时供热的热源，一般为临时性的锅炉房或个别分散设备（如火炉），如有条件，也可以利用当地的现有热力管网。

十、桥梁施工布置运输道路

现场运输道路应尽量使用永久性道路。当无永久性道路可供使用时，要修建必需的临时便道，道路宽度一般为 4 m~6 m。按主干道为环状，支线为枝状布置，干线和施工机械行驶路线最好采用碎石路面，支线用砂石路面或土路，应保证冬季、雨季畅通无阻。一般去砂石料堆放场、钢材堆放场、木材堆放场及库房的道路均为主干道。同时，要修好排水沟以利排水，并指定专人维护管理。因为桥梁施工要消耗大量的材料及生活物资，还要调动各种不同的施工机械，道路承担的交通运输任务繁重。所以对施工现场的道路不但要提高标准，而且需要加强维护和管理，只有这样才能保证施工任务圆满完成。

第三节　桥梁项目施工场地文明施工与环境保护的规划布置

一、桥梁项目施工场地的文明施工规划与布置

文明施工是指按照有关法规的要求，使施工现场和临时占地范围内秩序井然、文明安全、环境得到保护、交通通畅、防火设施完备，场容、场貌及环境卫生符合各项要求，施工现场附近的居民生活不受影响的施工活动。建立文明施工现场不仅符合现代化施工的要求，同时有利于提高工程质量和工作质量，

显示施工单位的精神面貌和管理水平，可以提升施工企业的形象，赢得较好的社会信誉。

文明施工管理是一项综合性工作，不能只从管理的角度进行管理。文明施工管理涉及技术、计划、安全、调度、分包、平面图的管理、材料仓储、施工道路、场容场貌、环保、保卫等诸多方面。这里仅从场地规划与布置的角度来讲述桥梁工程施工中的文明施工。

施工企业应按照分区划块原则，做好施工用地区域的场容、场貌的文明形象管理。为规范场容场貌，应做到以下几点。

第一，根据施工企业的管理水平，结合具体工程的实际情况，按照施工技术方案及施工进度计划，科学地设计施工平面图，并根据工程实际，对物料器具进行定位。施工物料器具除按平面图指定位置布置外，还应根据其不同特性及放置要求进行堆放。同时，物料应码放整齐、规格分类、挂牌标识，以便于管理。危险品库应有明显标志及围挡措施。

第二，建立健全管理制度，对施工平面图及物料器具的堆放进行管理。施工现场的材料要堆放整齐、不得有碍交通，确保完工后料清、场地清，因施工破坏的场地应及时修复。

第三，应按照已确定的总平面图，布置施工项目相关的机械设备、支架、施工临时道路、供水、供电、供气的线路及管道，以及料库、料场、加工场及其他生产、生活的临时设施。

第四，应公示相关标牌，如安全纪律、防火须知、安全生产、文明施工等内容的标牌。同时，施工现场的通道、消防设施应有明显标志。若在施工中因需要停水、停电、封路而影响居民生活、城市环境及交通，应提前报有关部门批准并事先告示。同时，应设计、修筑临时便道，并设置醒目的安全标志。

第五，施工现场应与职工居住区、办公区分开，施工作业区应与办公区明显划分开，施工现场的生活设施应符合卫生要求。

第六，施工现场应设置畅通的排水系统，使场地不积水、不积泥浆，道路保持干燥、坚实、通畅。工地预制场及生活区的地面宜做硬化处理。

第七，施工现场用电线路、用电设施的安装与使用必须符合安装规范和安全操作规程，严禁任意拉电接线。施工现场必须设有保证施工安全要求的夜间照明。

第八，施工现场必须建立和执行防火管理制度，设置符合要求的消防设施，并保证完好备用状态。

第九，在城市施工时，由于城市交通情况复杂，人口较为密集，施工现场的布置应尤为注意。施工现场应做好安全保卫工作，一般情况下施工现场周围应该设置封闭的、高于 1.8 m 的围护；临街的支架，起重机把杆回转半径伸至街道的，均应设置安全隔离棚，将现场与外部环境隔离开，避免相互影响。

二、桥梁项目施工场地的环境保护规划与布置

无论在山区、平原还是在城市中，桥梁工程的施工均会不同程度地影响周围居民生活，并对周围的环境造成一定程度的影响甚至破坏。环境是人类赖以生存的基础，在布置施工平面时应注意保护环境，将施工对环境造成的影响减到最小。在施工过程中应遵守国家有关环境保护的各项法律、法规，注意控制施工现场的粉尘、废水、废气、固体废弃物，以及噪声、振动等，最大限度地减轻污染和危害，在具体布置时应考虑到以下几点。

第一，桥梁基础若是采用钻孔灌注桩，施工时会产生大量的泥浆。对于施工现场的泥浆和其他污水，未经处理不得直接排入城市排水、排污设施和河流、湖泊、池塘、水渠中，应设立污水处理装置。因技术、经济原因，无法进行处理时应集中外运处理。在城市施工时，应选用无烟燃料，并控制燃用时间，以免对环境造成污染。除有符合规定的净化装置外，不得在施工场地熔融沥青，焚烧油毡、油漆及其他会产生有害烟尘和恶臭气体的物体。

第二，施工现场的垃圾、有害有毒废弃物、渣土应远离人员密集区，并分别设立集中堆放点，同时设立明显标记。运输的车辆应有防运输废弃物外落的措施，以免影响环境。在城市的施工现场还应该适当设置车辆冲洗设施，以免影响市容及市民的正常工作和生活。

第三，施工中需要进行爆破作业的，如破碎大体积的构筑物、开山开采石料等，应经过上级主管部门的审批，向当地公安机关申请"爆破物品使用许可证"，并遵守爆破安全规程。

第四，桥梁工程施工时会产生很大的噪声，影响到居民的生活。因此，应在施工现场设置屏蔽设施，并遵守市政管理部门及业主有关规定，合理调整施

工计划，在规定的某些时段停止噪声较大的项目的施工。

第五，在居民和单位密集的地方进行爆破、打桩、钻孔、破碎等震动较大的施工作业时，施工单位应将施工计划、影响范围、影响程度及相关措施提交相关管理部门，以取得同意，并提前通知居民及影响单位，以取得谅解与协作。

第六，若施工中发现文物、古迹、电缆等，应停止施工，保护现场，及时向有关部门汇报，得到相应处理后，才能继续施工。

第七，施工中需停水、停电或封路而影响环境时，必须经过有关部门批准，并于事先通告。在有行人、车辆通行的地方进行施工时，对外露的沟、坎、井应设置覆盖物及明显标志。

第八，应注意保护施工场地已有的绿化。在温暖适宜的季节，施工现场可以进行绿化。市政工程施工围护的外墙可以进行适当的粉刷和美化，使其外观更加整洁美观。

第四节　桥梁项目施工场地规划与布置的优化方法

在施工平面设计时，为使场地分配、仓库位置确定、管线道路布置更为经济合理，需要采用一些优化计算方法。以下是几种常用的优化计算方法。

一、区域叠合优化法

施工现场的生活福利设施主要是为全工地服务的，因此它的布置应力求位置适中、使用方便、节省往返时间、各服务点的受益大致均衡。确定这类临时设施的位置可采用区域叠合优化法。

区域叠合优化法是一种纸面作业法，其步骤如下：①在施工总平面图上将服务点的位置一一列出，按各点所在位置画出外形轮廓图；②将画好的外形轮廓图剪下，进行第一次折叠，折叠的要求是折过去的部分最大限度地重合在其余面积之内；③将折叠的图形展开，把折过去的面积用一种颜色涂上（或用一种线条、阴影区分）；④再换一个方向，按以上方法折叠、涂色。如此重复多次（与区域凸顶点个数大致相同次数），最后剩下一小块未涂颜色区域，即为最适合区域。

二、"最小值选线"优化法

桥梁施工总平面图设计中，在布置给排水、蒸汽、动力照明等线路时，为了减少动力损耗、节约建设投资、加快临时设施建造速度，可采用最小值方法，确定最短线路。具体方法是：①将供应源与需求点的位置画出（先不连线）；②依次连接距离最短的连线，原则是连线距离从小到大、各连线不能形成闭合圈；③当供应源与需求点全部被连接时，表明最小值已经找出，最短线路为该最小值。

三、占地面积与合理储量的其他方法

在桥梁施工平面图的设计中，即使场地绰绰有余、可供随意使用，但如果材料、构件、半成品、设备等储量过大，需要占用过多的面积，临时工程费用也会大幅度增加。为降低成本，应合理选择储量和占地面积。桥梁施工的现场，尤其是市政工程的桥梁施工用地受多种因素限制，施工场地一般非常紧张，因此合理选择储量，既不占地过大又保证连续施工是一个需要解决的问题。

参考文献

[1] 白会人. 公路工程项目管理与成本核算[M]. 哈尔滨：哈尔滨工业大学出版社，2015.
[2] 陈利，李杰科. 高速公路景观绿化管理与施工要点探讨[J]. 西部交通科技，2019（11）：175-177.
[3] 陈晓裕. 路面施工技术[M]. 北京：北京理工大学出版社，2020.
[4] 戴和俊. 桥梁施工项目管理精细化思路[J]. 运输经理世界，2021（7）：65-66.
[5] 郭昆朋. 桥梁工程项目管理措施分析[J]. 交通世界，2016（17）：112-113.
[6] 韩作新，冯子强. 公路路基路面工程施工作业指导书[M]. 成都：电子科技大学出版社，2017.
[7] 李宽. 公路工程项目管理[M]. 武汉：华中科技大学出版社，2018.
[8] 李鹏. 公路桥梁基础及下部结构的施工技术分析[J]. 智能城市，2019，5（22）：147-148.
[9] 梁百志. 公路工程建设项目成本管理与控制[J]. 黑龙江交通科技，2020，43（11）：195+197.
[10] 梁娅. 公路工程成本管理与控制实践探究[J]. 现代经济信息，2019（9）：232.
[11] 吕佳. 浅谈桥梁总体设计和规划[J]. 中国高新技术企业，2010（4）：110-111.
[12] 马国峰，刘玉娟. 桥梁上部结构施工技术[M]. 北京：北京理工大学出版社，2020.
[13] 穆杜伟. 分析特大型桥梁施工中的项目管理[J]. 居舍，2018（20）：174.
[14] 齐鹏飞. 公路工程施工组织设计的内容与程序[J]. 科技创新导报，2011（32）：113.
[15] 史建峰，陆总兵，李诚. 公路工程与项目管理[M]. 北京：九州出版社，2018.
[16] 王达. 论桥梁工程的项目管理[J]. 居业，2020（7）：134-135.

［17］王林海.公路桥梁施工项目管理优化的策略［J］.工程建设与设计，2019（10）：218-219.

［18］吴生海，邵鹏康.公路工程的发展历程［J］.科技风，2012（13）：231.

［19］张国祥，陈金云，张好霞.公路与桥梁施工技术及管理研究［M］.北京：文化发展出版社，2020.

［20］张建边.公路工程［M］.北京：中国铁道出版社，2013.

［21］张茜，吴昊，姜雪.浅谈桥梁工程发展历程及展望［J］.科技资讯，2016，14（11）：129+131.

［22］张少华.公路桥梁工程与项目管理［M］.北京：北京理工大学出版社，2019.

［23］赵立财.桥梁管理策略与实践研究［M］.北京：光明日报出版社，2016.

［24］周超.浅谈桥梁的分类［J］.黑龙江交通科技，2011，34（6）：144.